# Digitale Nomaden und Minimalisten

Büro mit
Meerblick

BoD™
BOOKS on DEMAND

# Referenzen

Interessante Links zum Thema Minimalismus und digitale Nomaden findet der interessierte Leser hier:

http://www.einfachbewusst.de/ – Blog über Minimalismus und Nachhaltigkeit

http://minimamuse.wordpress.com/ – Minima Muse ein noch junger Blog zum Thema Minimalismus

http://www.minimalismus-leben.de/ – ein Blog wie der Name schon sagt zum Thema Minimalismus

http://www.digitalenomaden.net/ – Forum der digitalen Nomaden

http://www.earthcity.de/ – Blog zum Thema ortsunabhängiges Arbeiten

http://www.dnx-berlin.de/ – Konferenz zum Thema Digitale Nomaden

# Heinz Duthel

# Digitale Nomaden und Minimalisten

## Lebe mit mehr Selbstbestimmung.
## Arbeite, wann und wo du es willst.

Bibliografische Information der Deutschen Nationalbibliothek:
Die Deutsche Nationalbibliothek verzeichnet diese
Publikation in der Deutschen Nationalbibliografie;
detaillierte bibliografische Daten sind im Internet
über http://dnb.dnb.de abrufbar.

Illustration: **Schriftsteller.club**
Herstellung und Verlag: BoD –  Books on Demand,
Norderstedt
ISBN: 9783744864930

# Inhaltsverzeichnis

Von Diogenes, dem antiken Philosophen, der in der Tonne hauste, ist folgende Anekdote überliefert: Passanten sollen ihn dabei beobachtet haben, wie er nicht etwa sie um Spenden anbettelte – sondern Statuen. Natürlich ließ sein Flehen die Steinfiguren vollkommen ungerührt. Natürlich wusste Diogenes das. Den Passanten erklärte er, das Betteln ohne Aussicht auf Erfolg diene ihm als mentales Training: Er wolle sich darin üben, dass ihm Wünsche abgeschlagen werden.

## Digitaler Nomade

Die Definition des digitalen Nomaden ist laut Wikipedia: „Ein Digitaler Nomade ist ein Unternehmer oder auch Arbeitnehmer, der fast ausschließlich digitale Technologien anwendet um seine Arbeit zu verrichten und der einen Lebensstil führt, der eher als nicht sesshaft zu bezeichnen ist. …"
Soweit trifft das auch auf mich zu. Ich teile mit dir in dieser Kategorie meine Erfahrungen als digitaler Nomade und dem gelebten Minimalismus.

Arbeit & Freiheit
als digitaler Nomade

Digitale Nomaden und Minimalisten
Lebe mit mehr Selbstbestimmung. Arbeite, wann und wo du es willst.

Was genau ist Minimalismus? Die besten Schritte, wie Sie zum Digitalen Nomaden werden.

JOB ist ein Akronym für Just Over Broke

JOBSICHERHEIT – DIE GRÖßTE LÜGE DER ARBEITSWELT

Von Diogenes, dem antiken Philosophen, der in der Tonne hauste, ist folgende Anekdote überliefert: Passanten sollen ihn dabei beobachtet haben, wie er nicht etwa sie um Spenden anbettelte – sondern Statuen. Natürlich ließ sein Flehen die Steinfiguren vollkommen ungerührt. Natürlich wusste Diogenes das. Den Passanten erklärte er, das Betteln ohne Aussicht auf Erfolg diene ihm als mentales Training: Er wolle sich darin üben, dass ihm Wünsche abgeschlagen werden.
Digitaler Nomade
Die Definition des digitalen Nomaden ist laut Wikipedia:
„Ein Digitaler Nomade ist ein Unternehmer oder auch Arbeitnehmer, der fast ausschließlich digitale Technologien anwendet um seine Arbeit zu verrichten und der einen Lebensstil führt, der eher als nicht sesshaft zu bezeichnen ist. …"
Soweit trifft das auch auf mich zu. Ich teile mit dir in dieser Kategorie meine Erfahrungen als digitaler Nomade und dem gelebten Minimalismus.

Wikipedia:
Digitale Nomaden arbeiten typischerweise von zu
Hause, im Hotel, im Café, auf dem Boot, im Internet-
café oder in öffentlichen Bibliotheken. Ihr Arbeits-
platz ist zumeist dort, wo Internetzugriff besteht.
In der Regel handelt es sich um Berufszweige, die ihre
Arbeit dank des Internets unabhängig von einem fes-
ten Arbeitsort ausführen können.

Die Berufe der digitalen Nomaden sind sehr vielfältig.
Viele betreiben Websites oder Blogs und monetarisie-
ren die Inhalte durch Werbung oder den Verkauf digitaler Produkte. Auch der Betrieb von Informationsportalen, Online-Communitys und Foren zählt in diese
Kategorie. Andere arbeiten als Autoren oder Übersetz-
zer. Eine große Zahl digitaler Nomaden ist im Online-
Marketing, Affiliate-Marketing oder E-Commerce
tätig. Auch technische Berufe wie Grafikdesigner,
Webdesigner oder Softwareentwickler eignen sich gut
hierfür. Andere verdienen ihren Lebensunterhalt durch
projektbezogene Arbeit, Beratungsleistungen oder
Vorträge. Diese erfordern nur selten einen bestimmten
Aufenthaltsort. Viele Fotografen finden sich unter den
„digitalen Nomaden".

„Digitale Nomaden" nutzen zwangsläufig neue Technologien wie Smartphones, Tablet-PCs, WiFi und
webbasierte Applikationen. Typischerweise sind sie
an den meisten Orten in der Lage, ein Einkommen zu
erzielen. „Digitale Nomaden" arbeiten häufig von
Cafés, Coworking Spaces, Hostels und anderen
Standorten mit WiFi. Länder mit einer gut ausgebau-
ten technischen Infrastruktur werden somit bevorzugt

von „digitalen Nomaden" bereist, damit sie weiter ihrer Beschäftigung nachgehen können.

Die erste deutsche Konferenz für „digitale Nomaden", DNX, fand 2014 im Berliner Betahaus statt. Digitale Nomaden – Deutschland zieht aus lautet der erste deutschsprachige Dokumentarfilm über das Leben von ortsunabhängig lebenden und arbeitenden Menschen.

Arbeiten wo und wann man will Leben als digitale Nomaden

Arbeit mit Aussicht: Ein Bürojob ist nichts für digitale Nomaden. Sie reisen um die Welt und arbeiten dort, wo sie gerade sind.

Marcus Meurer hat Schluss gemacht. Er hat seinen Job gekündigt, seine Wohnung untervermietet und ist losgezogen. Raus in die Welt. Mit seiner Freundin Felicia Hargarten lebt Meurer heute immer dort, wo es ihnen gerade gefällt. Mal in Berlin, mal Myanmar, mal Mexiko. Die beiden sind digitale Nomaden. So nennen sich all diejenigen, die ortsungebunden arbeiten. Die sich nicht mehr festlegen wollen: auf einen Arbeitgeber, einen Wohnsitz, einen festen Tagesrhythmus.

Zehn Jahre hat Meurer ein Leben geführt wie Millionen andere deutsche Angestellte auch. Jeden Tag ist er ins Büro gegangen, hatte feste Arbeitszeiten und machte Urlaub, den er Wochen im Voraus anmelden musste. Als Marketingmanager hat er schnell Karriere gemacht. Doch zufrieden war er nicht. „Mit jeder

Beförderung stieg die Verantwortung", sagt der 36-Jährige, „aber die Lebensqualität hat immer weiter abgenommen." Zu Beginn seiner Karriere war er noch stolz auf die vielen Überstunden, die er machte. „Irgendwann hat mich das nur noch genervt. Ich fühlte mich, als wäre ich in einem Hamsterrad gefangen."
Zehn Jahre lang hat Marcus Meurer einen ganz normalen Bürojob gehabt.

Zehn Jahre lang hat Marcus Meurer einen ganz normalen Bürojob gehabt.Foto: privat

Seiner Freundin ging es ähnlich. Anfang 2013 nahmen die beiden sich eine Auszeit. Ein halbes Jahr wollten sie auf Weltreise gehen und sich danach beruflich neu orientieren. Sie flogen nach Thailand, auf die Philippinen, nach Malaysia, Indonesien und Singapur. Um ihre Freunde und Familie auf dem Laufenden zu halten, setzten sie einen Blog im Netz auf. Auf dem berichteten sie von ihren Ausflügen und luden Fotos hoch. An einem regnerischen Tag auf den Philippinen kamen sie auf die Idee, das mit dem Bloggen professioneller anzugehen. Aus dem Hobby wurde ein Job und aus dem Reisen eine Lebensform.

Geld verdienen sie durch Sponsoring

Heute sind die beiden selbstständig. Geld verdienen sie unter anderem über Werbung auf ihrem Blog. Sie empfehlen ihren Lesern zum Beispiel die Kreditkarte einer Bank, die sie selbst nutzen. Bestellt einer ihrer Leser die Karte, bekommen sie eine Provision. Ihre Flüge sponsern ihnen Airlines, die sie dafür namentlich in ihren Blogbeiträgen erwähnen. Daneben beraten die beiden Firmen beim Onlinemarketing und bauen Websites für Start-ups oder Freiberufler auf.

Wie Meurer und Hargarten leben immer mehr junge Menschen als digitale Nomaden. Sie sind moderne Wanderarbeiter. Statt an den Ort zu ziehen, an dem sie Arbeit finden, arbeiten sie dort, wo sie gerade sein wollen: an einem Strand in Mittelamerika, in einem Café in Berlin Kreuzberg oder einem Coworking-Büro in Bangkok. Sie brauchen nur Laptop, Smartphone und eine Internetverbindung. 200 digitale Nomaden sind an diesem Wochenende in Berlin zusammengekommen, um auf der DNX-Konferenz ihre Erfahrungen auszutauschen. Meurer und Hargarten haben sie organisiert. Die Tickets der Veranstaltung seien innerhalb von drei Tagen ausverkauft gewesen.

Seine Post scannt eine Firma für ihn ein

Ein Großteil der digitalen Nomaden sind Blogger, viele arbeiten im Onlinemarketing. Doch auch mit einem Job fern der Netzwelt kann man ortsungebunden arbeiten, sagt Tim Chimoy. Er ist studierter Architekt. Und auch für ihn ist das Leben als Festangestellter nichts. „Ich möchte meine Persönlichkeit nicht morgens am Empfang abgeben müssen", sagt er. Der 33-Jährige fertigt heute als Dienstleister Bauzeichnungen und 3-D-Modelle an. Nur einen Teil der Arbeit macht er selbst, vieles übernehmen freie Mitarbeiter. Sein Geschäft hat er so organisiert, dass er es von überall aus führen kann. Den Sommer verbringt er meist in Berlin, den Winter in Asien, bevorzugt in Vietnam. Wenn er unterwegs ist, geht seine Post per Nachsendeauftrag an die Firma Dropscan, die seine

Briefe einscannt und ihm per Mail zuschickt. Rechnungen lässt er über einen Online-Dienstleister verschicken. Ist er telefonisch nicht erreichbar, geht ein Sekretariat ran.

Allerdings warnt Chimoy davor, sich das Leben als digitaler Nomade zu leicht vorzustellen. Einfach loszureisen und darauf zu setzen, dass das Geschäft schon laufe, sei leichtsinnig. Das weiß er aus Erfahrung. „Ich hatte am Anfang eine ziemlich lange Durststrecke", sagt er. Nachdem er vor zweieinhalb Jahren seinen festen Job als Projektmanager im Bauwesen gekündigt hatte, ist er sofort in den nächsten Flieger nach Asien gestiegen. Noch einmal würde er das nicht machen. „Man sollte erst sein Business aufbauen und dann losziehen", sagt er. Außerdem hat er festgestellt, dass er nur konzentriert arbeiten kann, wenn er etwas länger an einem Ort ist. Alle drei Tage ein anderer Traumstrand – das sei unrealistisch. Heute mietet sich Chimoy mal für ein paar Monate eine Wohnung in Buenos Aires, um danach ein paar Wochen in Berlin zu arbeiten und sich dann für zwei Monate in eine Berghütte in den Alpen zurückzuziehen.

Mit dem neuen Lebensstil verabschieden sich digitale Nomaden oft nicht nur vom festen Job und Wohnsitz. Viele leben deutlich minimalistischer als früher – allein schon deshalb, weil sie viel weniger verdienen. „Statussymbole wie Auto oder Flachbild-Fernseher sind mir nicht mehr wichtig", sagt Marcus Meurer. Nach jeder seiner bisherigen Reisen hat er sein Hab und Gut reduziert. Mittlerweile passt es in drei Ikea-Tüten. Wenn er unterwegs ist, lagert er einen Teil ein

– nimmt nur mit, was in einen 30-Liter-Rucksack passt.

Nicht jeder hat Verständnis für Meurers neuen Lebensstil. Seinen Eltern zu erklären, dass er jetzt digitaler Nomade sei, habe gedauert, sagt er. Auch Freunde fragten, ob er zu viel Geld habe. Ihnen musste Meurer erst einmal vermitteln, dass er unterwegs arbeite – und zwar nicht wenig.

Berlin nennt Meurer heute seine „Homebase". Hier sind er und seine Freundin gemeldet, hier zahlen sie Steuern und hierhin kehren sie immer wieder zurück – schon deshalb, weil in der Stadt digitale Nomaden aus der ganzen Welt zusammenkommen. Zum Beispiel im Creative Loft, einem Gemeinschaftsbüro am Moritzplatz.

Dort trifft man in diesen Tagen auch Conni Biesalski. Die 30-Jährige lebt seit zweieinhalb Jahren als digitale Nomadin. Aufgewachsen ist sie in einer Kleinstadt in Bayern. „20 000 Einwohner, krasser Dialekt, viele Felder und mir war schon immer bocklangweilig dort." Nach dem Studium zog sie nach Berlin und fing in einer PR-Agentur an. „Das habe ich aber nur acht Monate ausgehalten", sagt sie. „Ich habe dort für den Traum von anderen gearbeitet, nicht für meinen eigenen."

Heute führt sie einen Blog im Netz, den jeden Monat 60 000 Menschen lesen. Und sie bringt anderen in Workshops und Online-Tutorials das Bloggen bei. „Ich mach einfach mein Ding", sagt Biesalski. Seitdem sie digitale Nomadin sei, arbeite sie viel produktiver und habe mehr vom Leben. „Eigentlich passt das Wort Arbeit nicht mehr zu dem, was ich mache", sagt sie, „aber einen neuen Begriff habe ich noch nicht gefunden."

Minimalismus ist für viele ein Lifestyle, und anders als in meinem Fall, etwas, zu dem sie sich ganz bewusst entschließen:

"Minimalismus bezeichnet einen Lebensstil, der sich als Alternative zur konsumorientierten Überflussgesellschaft sieht. Seine Anhänger versuchen, durch Konsumverzicht Alltagszwängen entgegenzuwirken und dadurch ein selbstbestimmteres, erfüllteres Leben zu führen."

Viele sehen das „Ausrümpeln" ihres Hab und Guts auch als Äquivalent zum Aufräumen in ihrem Leben. Die Idee, die dahinter steckt, ist eigentlich sehr simpel und wer sich noch an die Geschichte von Hans im Glück erinnert, dem mag das Ganze sehr bekannt vorkommen: Wer wenig hat, hat auch weniger Sorgen und wer sich weniger um seinen Besitz sorgt, kann freier und selbstbestimmter leben.

Ich kann nicht verallgemeinernd sagen, ob Menschen mit oder ohne Besitz glücklicher sind, aber ich halte es für eine gute Idee, sich ab und zu mal hinzusetzen und zu hinterfragen, ob all das was man angeblich haben „muss" auch wirklich notwendig ist. Das heißt nicht, dass alle gleich ihren gesamten Hausrat auflösen sollten. Aber, wer beispielsweise 50 Paar Schuhe im Schrank hat und eigentlich nur 5 davon trägt, kann sicherlich einige davon ausmisten oder spenden. Mein persönlicher Grundsatz beim Minimalisieren ist: Behalte nur die Sachen, die dich wirklich glücklich machen.

Wenn du etwas besitzt, das du eigentlich nicht magst, aber behältst, weil es ein Geschenk von Großtante Frida war, brauchst du es nicht wirklich. Jemand anderes würde sich vielleicht viel mehr darüber freuen. Meine Erfahrung ist auch: Wenn man mal seine Sachen richtig entrümpelt, kann man gleich freier durchatmen und schafft gleichzeitig auch Platz für Neues in seinem Leben – nicht nur unbedingt für Materielles, sondern vor allem auch für neue Erlebnisse.
Wer braucht schon High Heels im Dschungel?

Meine Reise zum Minimalismus war wie fast alles in meinem Dasein als digitale Nomadin – eher zufällig. Als ich mich damals nach Chile aufmachte, hatte ich einem großen Rucksack, eine Reisetasche, einen kleinen Rucksack, eine Laptoptasche und eine Handtasche im Gepäck. Ich habe dann relativ schnell gemerkt, dass ich das erstens nicht alles ständig schleppen will und zweitens vieles davon gar nicht brauche. Ganz ehrlich: Ich liebe meine hochhackigen Schuhe, aber auf Wanderungen in den Anden oder mitten im Dschungel kann ich damit nichts anfangen.

Und so wird bei jeder neuen Reise mein Gepäck kleiner und handlicher. Da ich keinen festen Wohnsitz habe, besitze ich auch weder ein Bett noch ein Auto oder einen Kühlschrank. Ich gebe ehrlich zu, dass ich mich ab und zu doch nach meinen eigenen vier Wänden sehne, in denen mein Bett und mein Kleiderschrank stehen, und zwar genau so wie ich es will und nicht, wie es jemand anderes eingerichtet hat. Aber ich empfinde es auch als sehr befreiend, sich von allerhand Krimskrams (denn mehr ist es im Endeffekt nicht) zu lösen und festzustellen, dass man all das nicht wirklich braucht. Wie viele reisende digitale Nomaden bevorzuge ich es, schöne Erinnerungen und Erlebnisse zu haben als eine Wohnung.

## Minimalismus ist kein Muss

Doch natürlich reist nicht jeder digitale Nomade durch die Weltgeschichte und ich sage ganz klar: Müssen muss man auch als digitaler Nomade gar nichts! Dementsprechend gibt es digitale Nomaden, die minimalistisch leben und andere, die es nicht tun. Es gibt keine festen Regeln für diese Lebensweise, denn jeder digitale Nomade baut sich seine Welt widewide wie sie ihm gefällt. Genau deshalb möchte ich an dieser Stelle auch andere digitale Nomaden zu Wort kommen lassen, die erklären, wie sie es denn so mit dem Minimalismus in ihrem Leben halten.

## Conni von Planet Backpack

Conni hilft Menschen ortsunabhängig zu leben und zu arbeiten und gleichzeitig einen bewussten, gesunden und spirituellen Lebensstil zu führen. Sie ist die Gründerin von Deutschlands größtem Reiseblog Planet Backpack und Mitgründerin von Blog Camp, der Onlineschule für professionelles Bloggen. Conni ist außerdem zertifizierte Yogalehrerin, sie liebt das Surfen und lebt vegan.

„Als klassischer Digitaler Nomade, der um die Welt tingelt, kommt man nicht daran vorbei, sein Hab und Gut auf einen Rucksack oder Koffer herunterzuschrauben. Ich selbst reise nur mit Handgepäck und habe bei meiner Mutter in Bayern noch zwei kleine Kisten, das war's. Wer Teilzeitnomade ist und seine Homebase in Deutschland behält, muss sich natürlich nicht komplett auf ein solches minimalistisches Niveau beschränken.

Für mich macht es aber wenig Sinn so viel zu besitzen, weil ich das ganze Zeug ja nicht um die Welt schleppen kann und auch nicht möchte. Für mich sind Erfahrungen mehr wert als Besitztümer, daher habe ich mir diesen Lifestyle ausgesucht. Ich möchte kein unnötiges Gewicht an materiellen Dingen in meinem Leben, das lenkt mich nur ab vom Wesentlichen: Dem Leben an sich."

Sebastian von Off The Path

Sebastian ist auf der ganzen Welt zuhause, und liebt es, immer wieder neue Länder und Orte für seine Leser zu entdecken. Momentan lebt und arbeitet er mit seiner Freundin Line in Kapstadt, Südafrika. Auf seinem Blog teilt er seine Erfahrungen, gibt Reisetipps fern der gängigen Touristenpfade und regt andere dazu an, aus jedem Tag zu einem Abenteuer zu machen.

„Nein, man muss auf keinen Fall minimalist sein. Ich habe viele Jahre lang mein Zeug gehortet und habe viel zu viele Sachen zu Hause in Berlin gehabt. Meine Freundin Line und ich haben vor einigen Monaten in

Deutschland alles aufgegeben und unsere ganzen Klamotten verkauft. Was übrig geblieben ist, sind drei Kisten und zwei Handgepäck-Rucksäcke!

Es ist von Vorteil, egal ob digitaler Nomade oder nicht, wenn man minimalistisch lebt. Weniger Sachen, bedeutet fast automatisch weniger Stress und mehr Freiheit, weil man sich über die ganzen Besitztümer keine Gedanken machen muss. Obwohl ich jahrelang nur mit Handgepäck gereist bin, habe ich auf dieser Reise auch ein Dufflebag dabei, weil wir viele Abenteuer vorhaben und etwas mehr Klamotten brauchen!

Egal ob Handgepäck, 70 Liter Rucksack oder Koffer, man muss nicht als Minimalist leben, um digitaler Nomade zu sein!"

Pia von MalMini

Pia Mester lebt und arbeitet als freie Journalistin und Autorin im Sauerland. Seit drei Jahren beschäftigt sie sich auf ihrem Blog und in ihren Büchern mit Minimalismus, Selbstverwirklichung, Persönlichkeitsentwicklung und moderner Lebenskunst. Gerade ist ihr neuestes Buch, Minimalismus trifft Kleidung, erschienen.

"Man muss als digitaler Nomade nicht unbedingt Minimalist sein, aber es macht die Sache wesentlich einfacher. Besonders, wenn man vorhat, viel zu reisen. Denn viel Besitz behindert da nur. In dieser Hinsicht müsste ich eigentlich nicht minimalistisch leben, weil ich zwar größtenteils ortsunabhängig und digital arbeite, aber das von zuhause aus. Wenn ich arbeite, dann arbeite ich. Und wenn ich reise, dann reise ich. Ich komme besser klar, wenn ich beides voneinander trennen kann. Wäre ich aber wirklich ständig auf Reisen, würde ich mich bemühen, seeeeeehr viel weniger zu besitzen als jetzt.

Minimalistisch zu leben und zu denken – vor allem mit Hinblick auf die Frage: „Was brauche ich wirklich?" – macht einem den Start in die Selbstständigkeit auf jeden Fall leichter. Denn wer wenig (Geld) braucht, der kann sich mehr Zeit lassen, mehr ausprobieren und fällt nicht so tief, wenn es doch nicht klappen sollte. Und wenn ich eins gelernt habe in meinen vier Jahren als Freiberuflerin, dann dieses: Mit finanziellem Druck im Nacken trifft man schlechtere Entscheidungen. Es lebt sich viel gelassener, wenn man schon mit wenig zufrieden sein kann."

Felicia, Gründerin der Digitalen Nomaden Konferenz, DNX

Feli hat als Backpacker, Globetrotter und digitale Nomadin über 45 Länder weltweit bereist. Ihr Wissen teilt sie auf ihrem Backpacking & Adventure Travel Blog. Darüber hinaus ist sie die Gründerin der DNX – Digitale Nomaden Konferenz und der DNX CAMPS – Coliving & Coworking für digitale Nomaden weltweit.

"Als digitaler Nomade muss man nicht minimalistisch leben. Viele digitale Nomaden sind aber in der Tat Minimalisten. Wer viel in der Welt unterwegs ist, merkt oft früher oder später, dass es lästig ist, zu viel Balast mit sich herum zu schleppen. Außerdem kann man fast überall alles besorgen wenn man doch mal etwas vermisst.

Je mehr Dinge und Verträge du besitzt um so mehr musst du dich auch darum kümmern. Besitz macht unfrei und Freiheit ist das größte Gut des digitalen Nomaden.

Viele Menschen haben die Illusion dass es sie glücklich macht viele Dinge zu besitzen. Die wichtigsten Dinge im Leben kann man sich aber eh nicht erkaufen. Digitale Nomaden haben in der Regel ein sehr cooles Mindset und ihnen ist es ziemlich egal, ob der Nachbar ein größeres Auto hat. Sie hinterfragen den Status Quo immer wieder. Im Zweifelsfall haben sie eben noch nicht mal mehr eine feste Wohnung.

Mich macht es auch im Kopf freier und kreativer nicht viel zu haben. Ich fühle mich einfach leicht und schwerelos. Fehlt mir etwas? Überhaupt nicht, der fehlende Platz wird durch neue Erlebnisse ersetzt. Statt viel zu konsumieren macht es mir viel mehr Spaß selber Sachen zu kreieren!"

Andrea und Chris von weggedacht

Andrea und Chris sind seit sechs bzw. zwei Jahren glücklich ohne 9 to 5 Job und bauen sich ihre Online-Existenz auf. Gerade haben sie ihr erstes gemeinsames Buch herausgegeben: Trotzdem Vegan.

„Das kommt vielleicht darauf an, wie man „digitaler Nomade" definiert. Wenn es bedeutet, dass man mit all seinem Hab und Gut umherzieht, wie nomadische

Hirtenvölker, dann ja. Für uns ist der Kern von „digitaler Nomade" aber das ortsunabhängige Arbeiten – und das kann man natürlich auch, wenn man eine Homebase mit jeder Menge Kram hat. Minimalismus hilft aber sicherlich beim ortsunabhängigen Arbeiten. Als digitaler Nomade muss man seinen Tag und seine Arbeit selbst strukturieren. Da ist es von Vorteil, wenn man nicht so viel Kram, Ablenkung und andere Verpflichtungen hat. Minimalismus hilft uns dabei, einen klaren Kopf zu bekommen (und zu behalten) und fokussiert zu arbeiten.

Wir persönlich legen den Schwerpunkt nicht auf das Reisen, weil wir auch sehr gerne zuhause sind, sondern auf das ortsunabhängige Arbeiten. Das heißt, dass wir mit unserem Laptop oft vom Café oder der Bibliothek aus arbeiten, oder im Sommer damit auf der Terrasse sitzen. Der Minimalismus ist bei uns noch „work in progress". Wir haben unseren Besitz schon sehr reduziert, sehen aber immer noch Ausräum-Potential in unserer Wohnung. Dabei bezieht sich „Minimalismus" für uns aber nicht nur auf physische Dinge. Auch bei alten Ideen, unvollendeten Projekten etc. tut aussortieren gut. Es ist sicher schwer (das geht auch uns noch so), sich von einem unvollendeten, ehemaligen Herzensprojekt zu verabschieden. Aber wenn Du es HEUTE nicht mehr anfangen würdest, weil andere Sachen im Vordergrund stehen, dann weg damit!

Im Grunde bedeutet Minimalismus für uns, uns nur mit dem zu umgeben, was für uns aktuell wichtig ist und zu unserem glücklichen Leben beiträgt. mobilitymag.de

Als digitaler Nomade die schöne weite Welt bereisen und von überaus arbeiten? Der Traum vieler Menschen. Ich bin an einem Punkt, an dem ich das theoretisch auch könnte. Aber ich habe einfach keine Lust dazu.

Beim Minimalimus-Treffen am vergangenen Samstag in Frankfurt hat Andrea von weggedacht.de einen tollen Vortrag darüber gehalten, wie sie und ihr Mann ihr Leben in Richtung digitales Nomadentum verändern und was das überhaupt bedeutet. Ich verfolge diese Szene jetzt schon seit einer ganzen Weile, sie fasziniert mich ungemein. Und gleichzeitig merke ich immer mehr, dass das nichts für mich ist. Bei diesem Vortrag ist mir das nur umso klarer geworden. Das hier wird also meine persönliche Pro- und Contra-Liste.

# Welche Ideen der digitalen Nomaden ich einfach genial finde

## Ortsunabhängigkeit

Manche Menschen pendeln jeden Tag zur Arbeit, wohnen vielleicht sogar an ihrem Arbeitsort und sind nur am Wochenende zuhause bei der Familie. Diese Vorstellung fand ich schon immer grausig. Ich bin eine Zeit lang ebenfalls gependelt, jeden Morgen zwei Stunden mit Auto, Zug und zu Fuß hin und jeden Abend zwei Stunden zu Fuß, mit dem Zug und dem Auto zurück. Der Job und die Kollegen waren toll, aber diese Zeitverschwendung war ätzend. Ich wusste, dass ich sowas nicht auf Dauer wollte. Damals habe ich schon nicht verstanden, was diese körperliche Anwesenheit so unabdingbar machte. Warum nicht viel mehr Mitarbeiter auf Home-Office-Tage gepocht haben. Vor allem, da es problemlos möglich gewesen wäre. Wahrscheinlich, weil es immer schon so war.

Ich lebe in einem kleinen Kaff, zur nächsten Medienmetropole ist es weit. Die Jobauswahl für Journalisten oder Schreiberlinge wie mich war und ist hier sehr beschränkt. Mir blieben nach der Ausbildung also genau drei Möglichkeiten:

1. Wegziehen und Karriere machen.

2. Einen Job in der Gegend annehmen, der aber nicht dem entspricht, was ich tun kann und möchte.

3. Mir mein eigenes ortsunabhängiges Business aufbauen.

Dank der digitalen Nomandebewegung bekam ich eine Ahnung, wie Nr. 3 funktionieren könnte. Also habe ich das probiert.

Eigene Produkte erstellen

Als ich als freie Journalistin in die Selbstständigkeit startete, dachte ich noch, dass jetzt das große Klinkenputzen auf mich zukäme. Klassischerweise denken sich freie Journalisten Textideen aus und bieten diese dann Redaktionen an. Wer gut und geschäftstüchtig ist, verkauft ein und dieselbe Idee an mehrere Redaktionen.

Ein anderer Weg ist, sich bei einer Redaktion als „fester Freier" zu etablieren und von diesen immer wieder Aufträge zu erhalten oder sogar als Pauschalist wie ein normaler Redakteur im Tagesgeschäft eingesetzt zu werden (wozu man natürlich vor Ort sein muss, so funktionieren Redaktion eben seit 150 Jahren). Letzteres habe ich zwei Jahre lang gemacht und war auch ganz glücklich damit. Was mich allerdings nervte: Ich baute mir nichts Eigenes auf, war immer abhängig davon, ob dem jeweiligen Redaktionsleiter oder Chefredakteur meine Nase und meine Honorarvorstellungen passten. Wenn ich einen Tag lang in einer Redaktion geschuftet oder jemandem einen Text verkauft und mein Honorar erhalten hatte, war meine Arbeit verpufft. Ich hatte nie das Gefühl, dass ich mir ein Portfolio aufbaute oder sogar empfohlen wurde. Ich tauschte Zeit gegen Geld, aber nicht gegen Sicherheit jetzt oder in der Zukunft. Klar, ich hätte größeren, besser zahlenden, renomierten Redaktionen meine Texte verkaufen können, aber ich hasse Kaltaquise. Irgendwo anrufen und mich verkaufen – da wird mir jetzt schon ganz flau im Magen.

Doch dann las ich „Die 4-Stunden-Woche" von Tim Ferriss und Blogs digitaler Nomaden und dachte mir: Warum sollte ich mein Glück in die Hände anderer Menschen legen? Warum meine Ideen und Geschichten erst über den Umweg eines Verlags zu den Lesern bringen? Warum nicht direkt? Also startete ich diesen Blog und schrieb mein erstes E-Book „Minimalismus im Kleiderschrank„. Es auf eigene Faust zu versuchen war die beste Entscheidung meines Lebens.

## Minimalismus

Besitz stört solange nicht, wie man ihn nicht bewegen muss. Viele digitale Nomaden sind Minimalisten, besitzen nur noch ein paar Erinnerungstücke und ansonsten das, was sie im Koffer mitnehmen könne. Ich glaube, dass Reisen ein toller Weg ist, um sich dem (materiellen) Minimalismus anzunähern. Denn wenn man packt, ist man gezwungen, jeden Gegenstand auf seinen Gebrauchswert zu prüfen.

## Welche Aspekte des digitalen Nomadentums mich nicht reizen

## Arbeiten, während man reist

Digitale Nomaden wählen diesen Lifestyle ja vor allem, um mehr, länger und intensiver reisen zu können. Arbeit und Urlaub werden nicht mehr getrennt. Und genau das wäre nichts für mich. Wenn ich im Urlaub bin, dann habe ich keinen Bock zu arbeiten. Ich möchte dann offline sein, keine Mails beantworten, keine sozialen Netzwerke checken, nicht ständig auf dem Laufenden sein müssen. Wenn ich reise, möchte ich mich ganz auf diesen neuen Ort konzentrieren. Habe ich ständig den Gedanken im Hinterkopf, dass ich aber doch noch arbeiten müsste, kann ich das nicht.

## Allein reisen

Es gibt in der Welt viele Hotspots für digitale Nomaden und man trifft bestimmt oft bekannte Gesichter, dennoch sind viele digitale Nomaden vorwiegend alleine unterwegs (sofern sie nicht das Glück haben, dass der Partner genauso tickt). Ich reise nicht gerne allein. Mal ein Städtetrip am Wochenende, Ok, aber ansonsten reise ich am liebsten mit jemand anderem oder sogar in der Gruppe. Dabei ist es mir auch ziemlich egal, wohin, Hauptsache ich habe Menschen dabei, die ich mag.

Viel unterwegs zu sein bedeutet eben auch, dass man Familie und Freunde lange Zeit nicht sieht. Und das ist wohl der Punkt, der mich am meisten abschreckt dabei.

Meine Einstellung zum Reisen habe ich hier schon mal erklärt: Reisen? Muss das sein?

## Bürokratie, Organisation und andere komplizierte Probleme

Einfachheit bedeutet für mich auch, dass man sich das Leben nicht unnötig kompliziert macht. Ich glaube, digitaler Dauerreisender zu sein, kann ganz schön kompliziert werden. Ständig muss man nach einer neuen Bleibe suchen, Flüge buchen, Angelegenheiten in der Heimat irgendwie von unterwegs aus erledigen, nach einer vernünftigen Internetverbindung suchen. Auch bin ich mir nicht sicher, ob das für immer funktioniert. Sicher, man kann auch mit Familie reisen, aber ich denke, der Kompliziertheitsfaktor multipliziert sich dadurch noch.

Allerdings muss ich zu diesem Punkt noch sagen, dass ich nicht finde, dass ein einmal eingeschlagener Lebensweg zwangsläufig für immer sein muss. Ein paar Jahre durch die Welt reisen, dann Familie bekommen und in der Rente dann nach Nepal auswandern und Lamas züchten – warum nicht?

Minimalismus ist in Mode. Überall wird er einem heute um die Ohren gedonnert. Wir sollen weniger besitzen, um glücklicher und freier zu sein. Besonders unter den digitalen Nomaden ist dies fast zu einem Dogma geworden. Aber funktioniert das für Jeden?

Eines steht fest: Einfachheit ist nicht einfach. Sich zu beschränken ist definitiv schwieriger, als massenhaft Dinge anzusammeln. Das Anhäufen von Besitz geht vergleichsweise schnell. Vielleicht kennst du das noch vom letzten Mal, als du einen Keller oder einen Dachboden leer räumen musstest.

Ich lebe zur Zeit aus dem Koffer. Zwar besitze ich eine Wohnung, diese ist aber die meiste Zeit des Jahres vermietet und somit für mich in dieser Zeit nicht zugänglich. Auch in dieser Wohnung gibt es nur so viele persönliche Dinge, wie sie ins Handgepäck passen, denn die Wohnung muss leer sein, wenn die Mieter einziehen. (Da die Wohnung möbliert vermietet ist, zähle ich Möbel hier nicht mit.)

Das stellt mich immer wieder vor die Herausforderung, Dinge verkaufen oder verschenken zu müssen. Ich muss jedes Mal aufs Neue überlegen, was ich in den beschränkten Platz meines Kabinenkoffers hineinpacke. Mehr darf nicht mit. So sind die Regeln, die ich mir selbst auferlege.

Ich bevorzuge für mich dabei den Begriff Essentialismus, denn es kommt nicht darauf an, einfach weniger zu haben, sondern gezielt nur die Dinge zu besitzen, die essentiell, also wesentlich sind.
Ich packe meinen Koffer und nehme mit…

Mein sperriges Podcast-Mikrofon muss zum Beispiel mittlerweile immer mit. Brauche ich ständig für meine Aufzeichnungen. Meine kleinen Lautsprecherboxen musste ich hingegen neulich verschenken. Kein Platz mehr. Schade, aber würde ich das anders handhaben, wäre ich schnell wieder bei alten Gewohnheiten und dann ist es nicht mehr weit bis zur Gepäckaufgabe. Nächster Schritt: ein vollgerümpelter Dachboden.

Sich zu beschränken muss man trainieren. Bei mir war es ein Prozess, der sich über mehr als drei Jahre zog. Vor drei Jahren reiste ich noch mit 25kg-Koffer und zitterte bei der Gepäckaufgabe wegen der Gefahr des zu hohen Gewichtes. Heute kommt das sicher nicht mehr vor.

Es gibt ein paar Dinge, die ich mir in diesem Prozess des aussortierens und minimierens immer wieder klar machen musste. Diese lauten in etwa wie folgt:

Qualität gewinnt über Quantität. Es ist okay, eine Woche lang in der selben Jeans herumzulaufen. Auch ein T-Shirt kann man häufiger anziehen. Guter Stoff hält länger frisch. Waschen kann man ausserdem auch fast überall. Wenn man Qualitätskleidung kauft, hält diese das aus und sieht auch nach häufigem Waschen noch gut aus. Billigkleidung ist nicht nur ethisch schwierig, sondern auch nichts für beschränkten Platz im Koffer.

Dinge, die „man mal vermissen könnte" dürfen nicht mit. Meine Musikboxen zum Beispiel. Hier muss ich mich eben in Verzicht üben, Musik über Kopfhörer hören oder mir, wenn ich irgendwo für 3 Monate bleibe, neue Boxen kaufen und diese anschließend wieder verschenken. Es wird sich sicher jemand darüber freuen! Warum also nicht.

Es gibt generell nichts, was man nicht auch irgendwo neu kaufen könnte, wenn man es unbedingt benötigt. Das kostet dann vielleicht mal 13,90 Euro, aber das ist es Wert, dafür leicht und frei zu sein.

Spätestens als Essentialist sollte man also einen großen Bogen um Klamottenläden wie H&M und Co. machen. Qualitäts-Kleidung muss her. Meine 80,- Euro Hemden sehen nicht nur besser aus, sondern halten auch 10 Mal so lange. Das somit eingesparte Geld kann man lieber in Güter investieren, die man sich unterwegs aus praktischen Gründen kaufen muss. Warum nun der Ganze Minimalismus?

Immer häufiger wird heute von der Share Economy gesprochen. Wir müssen nicht mehr so viel besitzen, weil wir viele Dinge gemeinsam mit anderem Menschen nutzen können.

Carsharing gibt uns (zumindest in den Großstädten) jederzeit Zugriff auf Autos, ohne sie zu besitzen. Musikplattformen geben uns jederzeit Zugriff auf 1 Millionen Songs, ohne diese noch besitzen zu müssen. Die Beispiele ließen sich unendlich fortsetzen.

Besitzen ist also zunehmend out, spätestens für unsere Generation, die in der Jahrtausendwende erwachsen geworden ist. Für die Folgegenerationen erst recht! Wir haben somit extrem verbesserte Bedingungen, uns auf das Essentielle zu beschränken, wenn es um den persönlichen Besitz geht.

Aber ein „weil es zunehmend einfacher ist" reicht als Begründung natürlich nicht aus, um es auch zu tun. Die übergreifende Antwort auf das Warum lautet vielmehr

Minimalismus bzw. Essentialismus macht es dir leichter, dich auch in deinen Gedanken und in deinem Tun auf das Wesentliche zu konzentrieren.

Es geht nicht um die Tatsache, wenig zu besitzen. Es geht um den mentalen Platz, den du gewinnst, wenn du dich auch im physischen Besitz beschränkst.

Erich Fromm formulierte es wie folgt: „Das Ziel ist nicht, dogmatisch mit weniger zu leben, sondern ein Leben voller Sinn, Erfüllung und Befriedigung zu finden."

Sinn, Erfüllung und Befriedigung ist natürlich nicht zwangsläufig bei jedem Menschen daran geknüpft, wie viel physischen Besitz er hat oder nicht hat. Aber die meisten Menschen teilen die Erfahrung, dass wenig physischer Besitz es leichter macht, Sinn und Erfüllung zu finden. Denn es macht sie auf mehreren Ebenen freier.

Physischer Besitz muss gekauft, abbezahlt, gepflegt, gelagert und überwacht werden. All das raubt dir mentalen Platz. Es lenkt dich ab von den Dingen, auf die es sich zu konzentrieren lohnt. Ein mit Gerümpel voll gestellter Raum ist vergleichbar mit einem mit Gerümpel vollgestopften Kopf.

Aber Achtung. Die Beschränkung auf das Wesentliche bedeutet nicht automatisch auch Verzicht. Dinge, die dir wichtig sind, können essentiell für dich sein, auch wenn sie von außen betrachtet nicht erforderlich sind.

Auch Minimalisten können sich was gönnen

Minimalismus bedeutet nicht, dass man gänzlich auf Luxus oder Annehmlichkeiten verzichten muss. Ich finde sogar: Es bedeutet das Gegenteil.

Ich nehme Abstand davon, Dinge zu besitzen. Das verschafft mir mehr finanzielle Ressourcen, um mir hin und wieder schöne Dinge zu leihen, sie im Sinne der Shared Economy zu nutzen, oder mir anderweitig Erlebnisse zu gönnen.

Ich besitze kein Auto und kaufe mir keine großen Fernseher. Dafür bezahle ich durchaus gern mal ein paar Hundert Euro mehr für einen Flug, um in der Business Class zu fliegen.

Ich zahle keine Miete, habe keine voll ausgestattete Küche und gehe sehr selten Shoppen. Dafür buche ich mich aber gern ab und zu einmal in ein schönes Apartment auf Zeit ein, vielleicht sogar mit Pool und einem schönen Fernblick.

Wenn ich aber wirklich etwas besitze, das über das Nötigste hinausgeht, dann sind es selten Konsumgüter, sondern eher Investitionen mit Gewinnzuwachs. So auch meine Wohnung.
Funktioniert das für Jeden?

In der Architektur hat Mies van der Rohe im letzten Jahrhundert den Satz Less is more geprägt, mit dem er die Reduzierung auf das Wesentliche in der Architektur einforderte. Gestalterische Elemente sollten der Funktion folgen. Nicht umgekehrt.

Dieter Rams, berühmter Designer des letzten Jahrhunderts, prägte die Maxime: Weniger, aber besser.

Diesen zwei Beispielen folgend könnte die Formel eines neuen Essentialismus lauten. Alles weglassen, was nicht unbedingt nötig ist oder deiner Leidenschaft entspricht!

Minimalismus-leben

Der elegante Minimalismus war seit jeher ein Kennzeichen von ästhetischen und geistigen Eliten. Ästhetik spielt hier durchaus eine Rolle. Wer mit wenigem reist, reist meist auch stilvoller und wirkt durchaus smarter in seiner Außenwirkung. Offensichtlich ein Mensch, der sich beschränken kann und weiß, was er braucht oder nicht braucht.

Sich auf das Essentielle zu beschränken, funktioniert aber trotzdem für jeden Menschen nur in unterschiedlicher und individueller Form. Eine Generalisierung über Mengen ist hier unangebracht. Es gibt nicht den einen Weg. Weder in der Religion, noch im Leben, noch im Minimalismus. Jeder muss selbst herausfinden, wo seine Grenzen liegen.

Ich möchte dich ein Stück weit ermutigen, nicht nur auf die Priester des extremen Minimalismus zu hören, und dich davon abschrecken zu lassen. Es muss nicht alles in einen Rucksack passen. Du kannst ruhig einen Fernseher besitzen, wenn es dir wichtig ist. Extreme Modelle funktionieren immer im Übrigen nur für einige wenige Menschen. Du musst deinen eigenen Pegel finden.

Trotzdem solltest du dich auf die Suche nach deinem eigenen Level des Verzichts begeben. Fordere dich selbst heraus und ergründe, wie viel Minimalismus für dich machbar ist. Überschreite dabei auch deine Komfortzone, sonst beschummelst du dich am Ende nur selbst. Es muss schon auch mal wehtun!

Eines kann ich dir versichern: Wenig Besitz macht frei und fühlt sich gut an. Wenn Eigentum und Luxus die Sahnetorte unter den Lebensstilen ist, dann ist Minimalismus die Erdbeertorte. Frisch, lecker, leicht.


Minimalismus oder „Weniger ist mehr!"

Laptop, Smartphone, Strandoutfit, Sonnenbrille und Zahnbürste, verpackt in einem coolen Rucksack. Ungefähr so stellt man sich die Ausrüstung eines digitalen Nomaden vor. Das ist so natürlich nicht ganz richtig, obwohl ein digitaler Nomade durchaus auf viele Alltagsdinge verzichten muss.

Konsumorientierte Überflussgesellschaft. Ungefähr so könnte man das Konstrukt nennen, in dem wir leben. Wir kriegen alles, was wir wollen und eigentlich haben wir auch alles, was wir woll(t)en. Ziemlich öde, oder? Daher tendieren wir dazu uns wieder vermehrt auf die ursprünglichen Werte zu besinnen. Geld und Güter sind nicht mehr das A und O und primäre Bedürfnis, das es zu stillen gilt, auch wenn sich viele durch Statussymbole definieren. Es ist mittlerweile der Faktor Zeit, der in unserer Gesellschaft immer kostbarer wird, weshalb Minimalismus voll im Trend liegt.

Was versteht man unter Minimalismus?

Eine einheitliche Definition zum Minimalismus gibt es nicht beziehungsweise konnte ich bei meiner Recherche keine wirklich gute finden, denn jeder definiert den Lebensstil anders. Vielleicht liegt es daran, dass die Begrifflichkeit noch gar nicht so alt ist und aus der Architektur stammt.

Seinen Ursprung in Verbindung mit dem „einfachen" Leben oder dem eines digitalen Nomaden hat der Trend in den USA, wo Dave Bruno im Jahr 2008 die „100 Things Challenge" startete. Das Ziel von Bruno war es, seinen persönlichen Besitz auf 100 Gegenstände zu dezimieren Dies gelang ihm auch, woraufhin er in Kelly Sutton ein Jahr später einen weiteren Nachahmer fand, der sein Vorhaben ebenfalls der Öffentlichkeit präsentierte.

Seitdem wurde der Begriff nicht mehr nur im architektonischen Zusammenhang genutzt, sondern von Menschen, die auf Besitz verzichten, um sich auf das Wesentliche zu beschränken und dadurch einfach glücklicher zu werden. Während Wikipedia Minimalismus als „Lebensstil, der sich als Alternative zur konsumorientierten Überflussgesellschaft sieht" definiert, sehe ich Minimalisten als Personen, die aus freiem Willen das Ziel verfolgen, wenig zu besitzen (in welcher Form auch immer ) und den Konsum dahingehend einschränken, um aus dem Verzicht etwas Positives abzuleiten. Sozusagen Ganzjahresfasten.

Minimalismus kennzeichnet sich also durch eine Beschränkung auf das Wesentliche, was nicht nur auf Konsumgüter zutrifft. Die Wohnung ausmisten, den Fernseher abschalten oder die Arbeit reduzieren. All das kann mit Minimalismus in Verbindung gebracht werden, sodass Vorurteile, ein Minimalist lebe in einer Wohnung, die lediglich aus einem Tisch mit einem Stuhl und einem Bett besteht, absolut unangemessen sind.

Gründe für einen minimalistischen Lebensstil

Beim Lesen der obigen Zeilen fragst du dich sicherlich, warum du überhaupt minimalistisch leben solltest. Klar, als digitaler Nomade kommt man nicht Drumherum und muss seinen Kleiderschrank und die alltäglichen Gebrauchsgegenstände drastisch reduzieren. Warum aber trotzdem auf alles verzichten und nicht einfach bei den Eltern oder Bekannten lagern, während du in der großen, weiten Welt unterwegs bist? Ganz einfach, der Verzicht auf einige Dinge hat gewisse Vorteile.

Fakt ist, dass wir in unserer Gesellschaft momentan von allem zu viel haben, egal ob in Form von Eigentum, Informationen, Arbeit oder Terminen. Daher wachsen das Streben nach einem bewussteren Leben und die Suche nach einem Lebensstil, der zu mehr Unabhängigkeit und Freiheit beiträgt. Wir sind also ständig auf der Suche, der Reizüberflutung entgegenzuwirken. Wie hat es der Philosoph Friedrich Nietzsche, der übrigens ein Verfechter des materiell einfachen Lebens war, einst so schön gesagt:

„Wer wenig besitzt, wird umso weniger besessen: Gelobt sei die kleine Armut!"

Auch Vernon Howard fand zu Lebzeiten die passenden Worte:

„You have succeeded in life when all you really want is only what you really need."

Da ist schon was dran an den Zitaten der beiden, weshalb das Abwerfen von Ballast in Form von Alltagszwängen oder Gegenständen sicherlich mehr als befreiend wirkt, was dir einzelne digitale Nomaden aus eigener Erfahrung bestätigen können. Doch es ist nicht nur der massenhafte Konsum und die eigenen Verhaltensweisen, die der Grund für einen minimalistischen Lebensstil sind. Auch äußere Einflüsse spielen eine bedeutende Rolle und zwingen indirekt zum Verzicht auf etwas. Beispiele hierfür können Umweltkatastrophen, die Verschwendung von Lebensmitteln oder auch Berichte über Massentierhaltung sein, die einen moralisch und indirekt zum Minimalismus anregen.
Wie beginnt man minimalistischer zu leben?

Der Minimalismus ist bereits bei uns angekommen, woran die Digitalisierung nicht ganz unschuldig ist. Ein gutes Beispiel dafür steckt im ebenfalls boomenden Begriff „Share-Econony", an dem deutlich wird, dass der Besitz an Bedeutung verliert und der allgemeine Nutzen einer Sache im Vordergrund steht. So erfreut sich das Car-Sharing in Großstädten an wachsender Beliebtheit, Streaming-Dienste ersetzen den Konsum von CDs und DVDs und bei Coworking Spaces teilt man sich sogar den Arbeitsplatz mit anfangs völlig fremden Menschen. Der Besitz verliert an Wert und so mutieren wir nicht nur durch die Digitalisierung unbewusst zu Minimalisten.

Doch auch ohne den Automatismus ist es nur zu empfehlen, sich von einigen Sachen zu trennen, die sowieso nicht mehr benutzt werden. Fangt doch einfach mal an euren Kleiderschrank auszusortieren. Nutze den nächsten Umzug zum Ausmisten oder überlege dir auf deiner nächsten Reise, ob du nicht auch mit dem zufrieden sein kannst, was du in deinem Rucksack verstaut hast. Und vergesse nicht öfter mal NEIN zu sagen, denn auch das ist eine Form des Minimalismus, die dir eine Menge Zeit und Nerven sparen kann. Lesenswertes und die ersten Schritte

Wenn du dich näher mit dem Thema auseinandersetzen willst, dann schaue doch mal auf einem der folgenden Blogs beziehungsweise Podcasts vorbei, die dir sicherlich dabei helfen, deine eigene Definition von Minimalismus zu finden und die ersten Schritte zu wagen:

malmini.de – Minimalismus als Lebensstil
einfachbewusst.de
schlichtheit.com – Die Entdeckung der Schlichtheit
bemorewithless.com

Wenn du ein digitaler Nomade werden willst, dann musst du dich wohl oder übel mit einem minimalistischen Lebensstil anfreunden. Kannst du das nicht, dann wird das ortsunabhängige Arbeiten wohl eher zur Tortur als zum coolen Lifestyle werden. Also fange am besten gleich damit an dich von überflüssigen Dingen zu trennen.

Da bei mir, wie du ja weißt, seit diesem Jahr der Angsthasen-Modus läuft und ich zum Ende des Monats in eine kleinere Wohnung ziehe, bin auch ich momentan fleißig am Verkaufen, Verschenken und Wegwerfen. Auch, wenn ich dem Minimalismus anfangs etwas skeptisch gegenüber stand, so muss ich zugeben, dass es durchaus befreiend wirkt, die Mülltonne mit altem Gerümpel vollzustopfen.

Daniel Schöberl

Daniel ist Co-Founder von I Am Digital und mittlerweile selbst als Digitaler Nomade unterwegs, wo er sich mit Dienstleistungen im Sportmarketing, seinen Blogs und weiteren Online-Projekten seine Brötchen verdient.


Die besten Schritte, wie Sie zum Digitalen Nomaden werden


Keine Lust mehr, den ganzen Tag im Büro zu verbringen, während draußen die Sonne scheint und das Leben tobt? Sie wollen Ihr Leben nicht mehr nach dem Job richten, sondern dem Job nach Ihrem Lifestyle? Freiheit und Selbstbestimmung sind Ihnen wichtiger als ein festes monatliches Gehalt und sonstige Sicherheiten?

Dann sind Sie im Herzen schon einer von jenen freiheitsliebenden Selbstständigen, die man auch „Digitale Nomaden" nennt. Der Begriff des „Digital Nomads", der über die Staaten zu uns nach Deutschland herüberschwappte, bezeichnet Unternehmer, Selbstständige oder auch Angestellte, die völlig ortsunabhängig arbeiten können, indem sie sich die neuen digitalen Technologien zu Nutze machen.

Denn viele Arbeiten benötigen heute keine physische Anwesenheit mehr, sondern können theoretisch von überall auf der Welt aus via Internet erledigt werden.

Keine Lust mehr, den ganzen Tag im Büro zu verbringen, während draußen die Sonne scheint und das Leben tobt? Sie wollen Ihr Leben nicht mehr nach dem Job richten, sondern dem Job nach Ihrem Lifestyle? Freiheit und Selbstbestimmung sind Ihnen wichtiger als ein festes monatliches Gehalt und sonstige Sicherheiten?

Dann sind Sie im Herzen schon einer von jenen freiheitsliebenden Selbstständigen, die man auch „Digitale Nomaden" nennt. Der Begriff des „Digital Nomads", der über die Staaten zu uns nach Deutschland herüberschwappte, bezeichnet Unternehmer, Selbstständige oder auch Angestellte, die völlig ortsunabhängig arbeiten können, indem sie sich die neuen digitalen Technologien zu Nutze machen.

Denn viele Arbeiten benötigen heute keine physische Anwesenheit mehr, sondern können theoretisch von überall auf der Welt aus via Internet erledigt werden.

Im folgenden Artikel erfahren Sie die wichtigsten Stepps wie Sie zum Vollblut-Digital-Nomaden werden können.

Prüfen Sie, ob Sie in Ihrem Beruf die Möglichkeit haben, ortsunabhängig zu arbeiten oder arbeiten Sie sich in ein neues Themenfeld ein, welches Ihnen flexibleres Arbeiten ermöglicht.

Einfach das Handtuch schmeißen, kündigen und drauf losziehen hat zwar auch schon beim ein oder anderen zum Erfolg geführt, ist jedoch nichts für jedermann. Investieren Sie lieber vorher etwas Zeit und überlegen Sie: Können Sie in Ihrem jetzigen Job selbstständig machen? Sind Sie Experte in einem Fachgebiet und können mehr daraus machen?

Oder möchten Sie noch etwas Neues lernen beziehungsweise sich in einem Bereich professionalisieren? Klassische Berufszweige für Digitale Nomaden sind etwa Grafikdesign, Webdesign, Kommunikation, Übersetzung, Texten, Lektorat, Programmierung, Online-Marketing, Suchmaschinenoptimierung und sonstige webbasierte Tätigkeiten.

Überlegen Sie gut, was zu Ihnen passen könnte, ob Sie in eine Fortbildung investieren wollen und ob Sie vielleicht auch eine Nische finden können, die Ihnen Vorteile auf dem Arbeitsmarkt verschafft.

Bauen Sie sich ein Netzwerk auf und werden Sie professionell in Sachen Selbstvermarktung

Egal ob, Sie zunächst nur ausprobieren wollen, wie gefragt Ihre Dienstleistung ist, bevor Sie alle Zelte abreißen oder ihre Entscheidung bereits feststeht, erstellen und aktualisieren sie Online Profile bei relevanten Netzwerken und Marktplätzen für Freelancer. Auf den meisten Plattformen stellen Auftraggeber direkt Projektangebote ein, auf die man sich mit Honorarvorschlag bewerben kann.

Als Freelancer bekommt man so auch ein gutes Gespür dafür, was gesucht wird und wofür man welche Honorarsätze verlangen kann. Lernen Sie außerdem jeden Kontakt, jede flüchtige Bekanntschaft als potentiellen Auftraggeber zu sehen. Ihre Visitenkarte sollte ab sofort ihr ständiger Begleiter sein und ihre Online Profile immer top gepflegt und aktuell gehalten. Nutzen Sie Meetups und andere Netzwerkveranstaltungen um ihre Fähigkeiten bei jeder Gelegenheit selbstbewusst aber nicht aufdringlich anzubieten.

Vergessen Sie das, was Ihnen Ihre Eltern über das Arbeitsleben gesagt haben. Lassen Sie sich nicht von anderen entmutigen.

Jeder der einen sicheren Job aufgibt, um ihn gegen Selbstständigkeit und Unsicherheit einzutauschen, wird sich den Kommentaren von Familie und Freunden stellen müssen, die einem mit ihren sicherlich wohlgemeinten Ratschlägen wie etwa „Du kannst das doch nicht einfach alles so hinschmeißen" und „So einen Job findest du nie wieder" ziemlich entmutigen und zum Zögern bringen können. Nehmen Sie berechtigte Einwände an, denken Sie darüber nach, aber lassen Sie sich dadurch nicht von Ihrem Weg abbringen.

Fakt ist, dass sich der Arbeitsmarkt die letzten Jahrzehnte radikal gewandelt hat und ebenso die Möglichkeiten, die sich einem bieten, seinen Unterhalt zu verdienen. Sicherheiten und unbefristete Arbeitsverträge gibt es heute viel seltener als das früher der Fall war. Dafür sind wir nicht mehr an einen Ort gebunden, durch die Digitalisierung hat sich unser Arbeitsraum auf die gesamte Welt ausgeweitet. Die Möglichkeiten als unabhängige Fachkraft zu arbeiten sind heute weit verbreitet und mehr gefragt denn je.

Überwinden Sie ihre Vorbehalte, indem Sie sich Vorbilder und Mentoren suchen. Verbinden Sie sich mit Gleichgesinnten und lernen Sie voneinander.

Um aus dem Hamsterrad auszubrechen, braucht es eine Portion Mut und den ein oder anderen Menschen, der an einen glaubt und einen unterstützt. Das Gespräch und der Erfahrungsaustausch mit jenen, die es an den Punkt geschafft haben, den man selber gern erreichen würde, nimmt Ängste und gibt Mut, es selbst auszuprobieren. Versuchen Sie einfach unverbindlich Kontakt aufzunehmen zu Ihren Vorbildern.

Ein kurzer Ratschlag kostet meistens nicht. Im Internet finden sich auch jede Menge offener sowie geschlossener Foren für Digitale Nomaden, oder auch Events wie der Digitale Nomade Konferenz in Berlin. Dort tauscht man sich beispielsweise über gemeinsame Treffen der Community, Arbeitsmöglichkeiten im Internet und "Remote Work" in der ganzen Welt aus.

Lernen Sie, überall konzentriert zu arbeiten.

Echte Digitale Nomaden haben kein festes Büro, sondern arbeiten dort, wo ihre Arbeitskraft gerade gefordert ist oder sie sich am wohlsten fühlen. Das kann im Home Office oder Coworking Space sein oder via UMTS-Stick online im Strandcafé. Oft trifft man den Digitalen Nomaden vor allem in Coworking Spaces an, das sind Büros, in dem Freelancer für wenig Geld einen Schreibtisch mit Internetanschluss mieten können, um dort tage- oder projektweise zu arbeiten.

Digitale Nomaden sind nicht zwingend auf Reisen und in unterschiedlichen Teilen der Welt unterwegs, sondern haben in der Regel auch eine „Homebase", das heißt einen Ort, an dem sie sich regelmäßig für längere Zeit aufhalten, wohin Sie Ihre Post adressieren und wo sie gewöhnlich auch angemeldet sind.

Wichtigstes Werkzeug des Digitalen Nomaden ist eine gute technische Ausstattung.

Um arbeiten zu können, braucht es neben einem möglichst leichten Laptop und eventuell nötiger Software vor allem eine stabile Internetverbindung. Ein Smartphone ist für die Erreichbarkeit unablässig, außerdem lässt sich damit auch schnell etwas von unterwegs aus versenden. Wohnung, Büro, Auto und sonstige materielle Dinge sind für den Digitalen Nomaden zweitrangig.

Wichtig ist allerdings, dass man sich im Vorfeld über die Infrastruktur, die einem am jeweiligen Arbeitsort erwartet, informiert. Da man ständig teures Equipment dabei hat, sollte man sich auch mit Themen wie Datensicherung oder Diebstahlschutz auseinandersetzen. Gerade wenn man viel im Ausland unterwegs ist, ist ein mobiler Safe, in dem die Technik bei Nichtgebrauch verwahrt werden kann sehr praktisch. Eine externe Festplatte zur Datensicherung ist ratsam, wobei man wichtige Dokumente auch online in der Cloud speichern kann.

Leben Sie minimalistisch und reduzieren Sie Ihre Fixkosten auf das Nötigste.

Für Digitale Nomaden macht es Sinn, wenig Besitztum zu haben. Je weniger man besitzt, desto freier ist man und desto weniger ist man auch auf Einnahmen angewiesen, die bei der Selbständigkeit durchaus unregelmäßig sein können. Wenn Sie vorhaben, viel von anderen Orten aus zu arbeiten, kündigen Sie Ihre Wohnung, oder, falls Sie diese nicht gleich ganz aufgeben wollen, suchen Sie nach einem Untermieter.

Kündigen Sie laufende Verträge beziehungsweise versuchen Sie diese vorübergehend stillzulegen. Viele Digitale Nomaden sind Minimalisten, die nur noch das Nötigste besitzen, um flexibel und unabhängig zu sein. Jegliche Art von festen Verträgen und Anschaffungen werden möglichst vermieden.

Zahlen Sie Ihre Rechnungen und Steuern pünktlich. Verzichten Sie nicht auf Themen wie ausreichenden Krankenschutz und Alterssicherung.

Wenn Sie auch keinen festen Aufenthaltsort mehr haben sollten, so brauchen sie dennoch einen Wohnsitz, zumindest offiziell - und um Rechnungen stellen zu können. Dieser liegt häufig bei der Familie oder bei engen Freunden. Die meisten digitalen Nomaden zahlen weiterhin in Deutschland ihre Steuern. Achten Sie darauf, regelmäßig Ihren Posteingang zu Hause zu überprüfen beziehungsweise ihre Post öffnen zu lassen.

Kümmern Sie sich rechtzeitig um privatrechtliche und steuerliche Angelegenheiten, gerade Mahnungen können sehr schnell sehr teuer werden. Speichern Sie wichtige Dokumente, Versicherungsdaten und Bankangelegenheiten online ab, so dass Sie im Notfall weltweit und jederzeit Zugriff darauf haben.

Ein Mindestmaß an Absicherungen für den Krankheitsfall und fürs Alter sollten auch ortsunabhängig Arbeitende haben. Jedem kann mal etwas passieren, nicht selten unverschuldet. Dann sind eine gute Basis-Haftplicht-, Berufsunfähigkeits- Kranken- und Rentenversicherung Gold wert.

Lernen Sie, sich selbst gut zu organisieren und trainieren Sie sich in Selbstdisziplin.

Ortsunabhängig selbständig zu arbeiten ist nicht immer nur Zuckerschlecken. Gutes Zeitmanagement, Produktivität und Organisation wollen gelernt sein. Dazu gehört es in erster Linie, sich selbst zu disziplinieren und den eigenen Rhythmus, die eigene Work-Life-Balance zu finden.

Schnell kann man an den schönsten Orten der Welt vergessen, dass man ab und an auch arbeiten muss. Darüber hinaus können die Wetterbedingungen vor Ort, etwa starke Hitze oder Schwüle die Arbeit erschweren. Im Kontakt mit Kunden ist die Zeitverschiebung einzukalkulieren. Reisedokumente sollten immer aktuell sein.

Ein gültiger Pass, eine weltweite Krankenversicherung und gültige Reisetickets sind nur einige davon. Informieren Sie sich über Einreisebestimmungen und Aufenthaltsgenehmigungen für Länder, in denen Sie arbeiten möchten. Als digitaler Nomade ist es wichtig, sicherzustellen, dass diese Dinge gültig und jederzeit verfügbar sind.

Gönnen Sie sich eine Probephase. Nicht alle sind zum Digitalen Nomaden geeignet.

Selbst wenn Sie all diese Schritte befolgt haben, sich erfolgreich ein eigenes, ortsunabhängiges Business aufbauen konnten und theoretisch ab sofort in der ganzen Welt arbeiten könnten, heißt das noch lange nicht, dass Sie dieser Zustand glücklich machen wird. Nicht jeder kann mit der absoluten Freiheit und Selbstständigkeit, die einem das digitale Nomadenleben ermöglicht, umgehen.

Vielleicht vermissen Sie schon bald Ihren geordneten Tagesablauf, Ihre eigenen vier Wände, ja selbst die Regelmäßigkeit bis hin zur Langeweile. Vielleicht verlieben Sie sich unterwegs - ob in einen Ort oder einen Menschen - und können sich nichts Schöneres vorstellen, als ab sofort nur noch dort zu bleiben.

Dann sollten Sie genau das tun. Oder Sie bekommen Heimweh und vermissen Ihr altes, geregeltes Leben mit all seinen Unfreiheiten und Verpflichtungen. Auch dann hat sich die Phase des Experimentierens insofern gelohnt, als dass Sie wieder wissen, wie schön es eigentlich war und dass Sie dort hingehören.


Was ist überhaupt ein digitaler Nomade? Das ist ein Mensch, der durch Arbeiten am Laptop sein Geld verdient und dabei gleichzeitig „heimatlos" ist bzw. von einem Ort zum nächsten reist. In einem früheren Artikel mit dem Titel „Travel Blog: mein Treffen mit einem der bekanntesten Reiseblogger Europas" hatte ich bereits über Ryan Merabet, Frankreichs bekanntesten Reiseblogger berichtet.

Ob Blogger, Freelancer, digitaler Produktverkäufer, Programmierer oder Texter... wer eine dieser Tätigkeiten beherrscht, der kann vom Prinzip her von überall aus der Welt arbeiten.

Wer träumt nicht davon: Geld verdienen und dabei die Welt bereisen!? Im heutigen Artikel, in dem es um digitale Nomaden geht – stelle ich deshalb fünf Blogs und fünf Menschen vor, die auf der ganzen Welt zu Hause sind und von überall aus arbeiten.

Und ja... obwohl es in diesem Blog darum geht, wie man mit dem eigenen Blog 5-stellig verdient (JA, es ist möglich!) – so möchte ich doch an dieser Stelle ein paar Blogger vorstellen, die auch ohne 5-stellige monatliche Einnahmen rundum zufriedene und glückliche Menschen sind??

Die heutigen Beispiele zeigen, dass digitale Nomaden überaus interessante Menschen sind. Bei allen ist mir immer wieder das Wort „Minimalismus" aufgefallen.

In der Vergangenheit habe ich öfter die Beobachtung gemacht, dass sich Menschen entweder in das Lager „Viel Geld verdienen ist toll" oder „Ich bin Minimalist – ich brauche nur wenig" begeben. Ich denke mir dabei immer, warum nicht beides haben? Viel Geld haben und gleichzeitig mit Seelenfrieden durch die Welt gehen. Ich bin fest davon überzeugt, dass beides gleichzeitig möglich ist.

Doch kommen wir nun zum eigentlichen Thema des Blog Posts… es geht heute um fünf Menschen – oder sagen wir besser fünf digitale Nomaden, die ihren Traum verwirklicht haben… ihren Traum vom Reisen. Sie alle eint, dass sie sich ein Leben nach ihren ganz eigenen Vorstellungen geschaffen haben. An anderer Stelle in diesem Blog spreche ich von einem Leben in Freiheit.

Auch ich finde – obwohl ich Geld mag – Minimalismus gut.
Für Digitale Nomaden ist Freiheit wichtiger als Geld

Die heute hier vorgestellten Blogger haben nicht Geld als primäres Ziel, sondern sie streben nach Freiheit. Sie leben das, wovon sie sprechen und machen zumindest auf mich einen glücklichen und zufriedenen Eindruck.

Nehmen wir einmal das Beispiel von Elias Fischer. Er ist Betreiber des Lebe Blog und befindet sich aktuell im warmen Thailand. Er hat sich ein „One Way Ticket" gekauft und wird wohl mehrere Monate am Stück in Thailand verbringen. Als Abonnent seiner Lebe! Mail bin ich immer auf dem Laufenden was er gerade so macht.

Wie sieht gerade mein Alltag aus? Morgens packe ich meinen Rucksack mit Wassermelone, Papaya, Decke und dem Buch Bioenergetik von Alexander Lowen, um mir in der Klippenlandschaft ein gemütliches, schattiges Eckchen zu suchen.

Ich meditiere, lese, blicke in den weiten Horizont, schwimme, schürfe mir beim Rausgehen Hände oder Füße an den messerscharfen Muscheln an den Felsbrocken auf (aber das ist OK); das Wichtigste für mich ist jedoch: Ich bin für mich (allein)!

Ich sage dir, mir tut das gerade so gut, Zeit in der Natur zu verbringen und absolut allein zu sein. Na gut, ab und zu fährt ein HiSpeed-Boot vorbei und sieht mich nackt aufm Felsbrocken fleetzen, aber das ist genauso schnell weg, wie es gekommen ist.

Während ich diese Zeilen lese merke ich, wie ich mich innerlich entspanne. Ich stelle mir vor, wie ich in völliger Ruhe und Abgeschiedenheit in Thailand auf einem Baumstumpf sitze und vor mich hin meditiere. Wer mich genauer kennt, der weiß, dass meine letzten

Wochen sehr arbeitsreich waren – umso mehr freue ich mich da über die Zeilen von Elias.

Doch kommen wir jetzt zu den fünf aus meiner Sicht besten deutschsprachigen Blogs, bei denen es explizit darum geht, wie man sich ein Leben als „digitaler Nomade" einrichtet.

Die Top-5 „digitale Nomaden" Blogs

Neben Elias gibt es unter den Bloggern Deutschlands noch weitere Menschen, die wie digitale Nomaden leben. Die einen verdienen mehr, die anderen verdienen weniger Geld mit ihren Blogs. Doch eins haben sie alle gemeinsam: ihre größten Antriebe im Leben sind die Freiheit und etwas aus tiefster Überzeugung zu machen. Sie geben sich nicht mit einem „normalen" Leben zufrieden und streben auf die ein oder andere Art nach etwas „Besonderen" bzw. „Anderem".

Heute möchte ich dir ein paar Blogs von deutschsprachigen „digitalen Nomaden" vorstellen.

1. Travelicia

travelicia Die Betreiberin Feli hat ihre Homebase in Berlin, ist aber ansonsten die meiste Zeit über auf Achse. Schon sehr früh in ihrem Leben hat sich nach Möglichkeiten gesucht zu verreisen und gleichzeitig Geld zu verdienen. Ihren ersten Job kündigte sie vor über 8 Jahren. Seitdem ist viel passiert in ihrem Leben. Ihr Blog unter www.travelicia.de war ursprünglich ein privater Blog, entwickelte sich dann aber mehr und mehr zu einem der meistgelesenen Travelblogs Deutschlands.

Mehr Infos zu Feli und ihrem Travel Blog findest du auf www.travelicia.de

## 2. Earth city

Earth city

Der Autor des Blogs ist Tim Chimoy. Zu einigen seiner bisherigen Reisestationen gehören China, Finnland, USA Vietnam und Thailand. Viele digitale Nomaden zieht es ja nach Thailand. In seinem Artikel „Überwintern in Thailand: Der perfekte Ort für digitale Nomaden?" führt er 6 Gründe auf, die für Thailand als perfektes Land für digitale Nomaden sprechen.

## 3. Planet Backpack

Planetbackback Die Betreiberin des Blogs „Planet Backpack" ist Conni. Seit sie 15 ist, reist die Weltnomadin, Tauchlehrerin und Social Media Beraterin um die ganze Welt. Ihr Ziel ist es so vielen Menschen wie möglich dabei zu helfen ein Leben in Freiheit zu führen – fernab von Zwängen der Gesellschaft, der eigenen Familie oder sonst wem. Wie man ein solches Leben führt, ohne gleichzeitig viel Geld dafür ausgeben zu müssen, das zeigt sie auf ihrem Blog.

## 4. 101 Places

101places

Auf seinem Blog 101 Places berichtet Patrick über sein Leben als digitaler Nomade. Die Besonderheit an seinem Blog ist, dass er auch persönliche Themen nicht auslässt und sich seinen Lesern gegenüber öffnet. Etwas scheint er jedenfalls richtig zu machen, denn mehr als 25.000 Leser finden Monat für Monat auf den Blog des 31-jährigen Patrick. Wie auch seine Kollegen vertritt er die Ansicht, dass weniger mehr ist. In seinem überaus interessanten Artikel „Wie ich unterwegs gelernt habe, dass weniger mehr ist" erklärt diesen Zusammenhang aus seiner ganz persönlichen Sichtweise.

5. Heldenleben

Heldenleben Patrick Baumann ist der Kopf hinter dem „Heldenleben"-Blog. Ihm geht es in erster Linie darum, Erfahrungen zu sammeln und nicht Dinge. Wie alle anderen hier vorgestellten Blogger geht es ihm nicht primär ums Geld, sondern um die Freiheit, die man als digitaler Nomade erleben kann.

Abschließend meine Frage an dich lieber Leser: was ist dir persönlich wichtiger: Freiheit oder Geld? Wie stehen die beiden Werte in deinem Leben zueinander?

Wieso es großartig ist, als Digitaler Nomade zu leben

Es ist Sonntagabend und ich sitze mit Freunden in meiner Wohnung. Wir unterhalten uns darüber, wie herrlich, unbeschwert und schön das Wochenende gewesen ist. Die Sonne schien den ganzen Tag, der Himmel war tiefblau und die Schlangen vor den Eisdielen gingen nahezu ins Unendliche. Endlich T-Shirt Wetter! Solche Tage erinnern einen immer wieder sofort daran, wie schön das Leben ist, denke ich und nehme einen großen Schluck aus meinem Saft Glas.

Einer meiner Freunde hingegen wirkt nachdenklich. Er meint, dass das Wochenende toll gewesen ist, aber morgen wieder der „Ernst des Lebens" beginne. Auf die Frage hin, ob er seinen Job nicht möge, schüttelt er nur mit dem Kopf. „Ja, doch schon. Aber mein Leben lang möchte ich das auf keinen Fall machen."

Seine Antwort, keineswegs ungewöhnlich, höre ich immer wieder. Von Freunden und Bekannten und von Fremden, die sich lauthals am Handy in der Straßenbahn über ihren Arbeitgeber sowie ihr scheinbar langweiliges Arbeitsleben auslassen. Während das Wochenende nur so an einem vorbeirauscht, wird der Montagmorgen zur Qual. Immer derselbe Weck Ton, der dich aus dem Schlaf reißt. Daraufhin gestresst unter die Dusche, um dann wenige Minuten später sein lieblos zubereitetes Frühstück runterzuwürgen. Der Weg in die Arbeit, begleitet von den immer gleichen Apps und Playlists auf seinem Smartphone, Morgenmeetings mit seinen Arbeitskollegen, der Austausch über das Wochenende und eine ernüchternde Gehaltsabrechnung am Ende des Monats.
Zeit sich Gedanken zu machen

Immer mehr Menschen beginnen sich eine zentrale Frage zu stellen: „Muss man sich wirklich in eine völlig überholte Arbeitswelt zwängen lassen?" Meine Antwort: Nein. Und ich kann dir sogar sagen, was du dafür tun kannst, um endlich aus dem Hamsterrad zu entkommen. Das Stichwort lautet „Digitales Nomadentum".
Was ist ein „Digitaler Nomade"?

Ein digitaler Nomade (auch Internet-Nomade, Büronomade, urban Nomade) ist ein Unternehmer oder auch Arbeitnehmer, der fast ausschließlich digitale Technologien anwendet, um seine Arbeit zu verrichten und zugleich ein eher ortsunabhängiges beziehungsweise multilokales Leben führt. (…) Digitale Nomaden arbeiten typischerweise von zu Hause, im Hotel, im Café, auf dem Boot, im Internetcafé, oder in öffentlichen Bibliotheken. Ihr Arbeitsplatz ist zumeist dort, wo Internetzugriff besteht. In der Regel handelt es sich um Wissensarbeiter, die ihre Arbeit dank des Internets unabhängig von einem festen Arbeitsort ausführen können. Die Berufe der digitalen Nomaden sind sehr vielfältig. Viele betreiben Websites oder Blogs und monetisieren die Inhalte durch Werbung oder den Verkauf digitaler Produkte. Auch der Betrieb von Informationsportalen, Online-Communitys und Foren zählt in diese Kategorie. Andere arbeiten als Autoren oder Übersetzer. Eine große Zahl digitaler Nomaden ist im Online-Marketing, Affiliate-Marketing oder E-Commerce tätig. Auch technische Berufe wie Grafikdesigner, Webdesigner oder Softwareentwickler eignen sich gut hierfür. Andere verdienen ihren Lebensunterhalt durch projektbezogene Arbeit, Beratungsleistungen oder Vorträge. Diese erfordern nur selten einen bestimmten Aufenthaltsort." *Quelle: Wikipedia

Auch ich arbeite nun mittlerweile seit knapp zwei Jahren ortsunabhängig. Und ich liebe es. Wenn du mit deinem Berufsleben zufrieden bist, kannst du an dieser Stelle gerne aufhören zu lesen. Wenn dich das Leben als Digitaler Nomade jedoch neugierig gemacht hat, lies am besten jetzt weiter.

## Freiheit

Definitiv die schönste Sache an meinem digitalen Nomadenleben ist die Freiheit, die ich besitze, nachdem ich meinen gut bezahlten Job in einer Kommunikationsagentur gekündigt habe. Nicht die Dinge, die du besitzt, machen glücklich, sondern Erlebnisse, Erfahrungen und das Kennenlernen anderer Kulturen und Nationalitäten. Während ich in meiner Studienzeit vielmehr das Ziel verfolgte, möglichst viel Geld zu verdienen, kommt es mir jetzt auf die Zeit an, die ich habe, um die Welt zu entdecken. Ein spontaner Kinobesuch Montagmorgen, mal einfach ausschlafen und nichts tun oder kurzfristig wegen eines Jobangebots nach Mauritius oder Martinique fliegen sowie einen Roadtrip durch Portugal machen. Alles ist möglich. Und ich habe es tatsächlich in den letzten zwei Jahren selbst erlebt.

## Geld

Nach meinem Studium hatte ich sofort einen Job: Marketing und Social Media Beratung für ein mittelständisches Unternehmen. Meine Bezahlung war überdurchschnittlich gut, ich konnte nahezu jeden Tag pünktlich nach Hause gehen und meine Arbeitskollegen waren nett. Doch ich wollte mehr. Ich wollte, dass das Unternehmen mehr Profit macht, erfolgreicher wird, expandiert. Das einzige Problem an der Sache: Mein Gehalt blieb gleich bzw. änderte sich nur gering.

Und das ist ein großer Unterschied zu meiner Tätigkeit als Digitaler Nomade. Neben meinen allgemeinen Fixkosten (Versicherungen, Steuern etc.), bin ich zu 100% verantwortlich für mein Einkommen. Und das ist gut so. Ob ich am Monatsende 1000 Euro oder 30 000 Euro verdient habe, hängt von mir ab.

Minimalismus

„Wir kaufen Dinge, die wir nicht brauchen, von Geld, das wir nicht haben, um Menschen zu beeindrucken, die wir nicht mögen." Dieser Satz könnte treffender nicht sein. Sobald man sich frei gemacht hat, von ständigem Konsum, ist man schon ein Schritt weiter, um erfolgreich als Digitaler Nomade durchzustarten. Mit Minimalismus ist jedoch nicht gemeint, gänzlich auf alles zu verzichten. Doch die Frage, was brauchst du wirklich, ist enorm hilfreich. Während meiner Studienzeit habe ich in den kleinsten WG-Zimmern gewohnt, die man sich vorstellen kann, um Miete zu sparen. Die gesparte Miete, habe ich lieber in Erlebnisse mit Freunden, Fortbildungen, Reisen und Dinge, die Blog Bohème und mich weiterbrachten, investiert. In dieser Zeit habe ich relativ schnell bemerkt, dass man für ein schönes Leben nur sehr wenig braucht. Und das der Besitz von zu vielen Dingen am Ende nur zur Belastung wird bzw. werden kann.

Gelegenheiten

Nachdem ich mich dafür entschieden habe, meinen Job zu kündigen, ging die Reise erst richtig los. Neben zahlreichen weniger angenehmen Dingen (Anmeldung beim Finanzamt, Vorsteuervergütung, Steuerrückzahlungen, private Krankenversicherung, Medienhaftpflichtversicherung, Steuerberater usw.), haben am Ende die neuen Erfahrungen alles übertroffen. Ständig begegne ich beim Reisen oder auch in Cafés / Co-Working Spaces Menschen, die wahnsinnig spannende Dinge tun: Menschen, die aus Überzeugung NGOs starten, junge Unternehmer, die innerhalb weniger Jahre unfassbar viel Geld mit ihrem Start-Up verdienen und nur noch wenige Stunden in der Woche dafür arbeiten, Blogger, die durch die Welt reisen und Bücher schreiben, Food Blogger, die Restaurants und Cafés eröffnen sowie Entrepreneurship, die weltweite Konferenzen für Digitalen Nomaden veranstalten.

## Leben

Man lebt nur einmal. Also wieso bitte in der Vergangenheit oder in der Zukunft leben? Du bist nur einmal jung, mobil, hoffentlich gesund und ehrgeizig. Noch nie in der Geschichte hatten wir so viele Möglichkeiten wie heute. Es spielt keine Rolle, ob du aus einer wohlhabenden Familie kommst, welche Sprache du sprichst und welchen Schulabschluss du hast. Also mach etwas draus. Digitaler Nomade zu sein, bedeutet für mich, das Leben zu leben, das ich wirklich will. Das Leben ist nämlich dafür da, es in vollen Zügen zu leben. Jede Sekunde und jeden Atemzug.

Bei „Nomaden" denken die meisten als erstes an Leute die ihre Miete nicht zahlen und Wohnungen verwüsten. Diese negative Konnotation haben wir sicher dem Mittagsfernsehen zu verdanken. Ich aber denke dabei an kreative Querdenker, an aufregende Menschen, die die Quadratur des Kreises brechen und im eigentlichen Sinne des Wortes „Nomaden", schlichtweg weiter reisen, wenn es sie weiter zieht. Frei von Ort und Zeit und ihr Rüstzeug stets dabei.

Wenn es einer klaren Definition bedarf, was ein digitaler Nomade ist, dann kann man sagen, dass die eine übergeordnete Konstante, ortsunabhängig übers Internet zu arbeiten ist. Dabei ist erstmal egal ob von der heimischen Couch aus, in Boxershorts und Bademantel, oder aus Französisch Polynesien. Digitales Nomadentum stellt in erster Linie einen alternativen Lebensstil zu dem bisher gewohnten System dar und geht dabei hauptsächlich um eines: Mehr Selbstbestimmung und mehr Freiheit.

Sie arbeiten, von wo immer sie wollen: Wäschesalon, Café um die Ecke, Coworking Space, Bibliotheken, Internetcafés, Flughafen Lounges oder einem anderen Kontinent. Digitale Nomaden sind Unternehmer, Freelancer oder in seltenen Einzelfällen auch Angestellte, die sich darauf spezialisiert haben, ihren Lebensunterhalt über das Internet zu verdienen, und somit frei sind in der Gestaltung ihrer Arbeitszeit und ihres Arbeitsortes.

Ortsunabhängigkeit ist das wichtigste Kriterium. Theoretisch könnte man sofort seine Koffer packen und von einem anderen Ort der Arbeit nachgehen. Mittlerweile gibt es buchstäblich unzählige digitale Tools, die einem die Arbeit von überall aus erleichtern. Denkt dabei nur mal an Skype, PayPal, etc.

Als Freelancer sind Digitale Nomaden zu Beginn häufig in den Bereichen Programmierung, Webdesign, oder als SEO-Spezialisten tätig. Es gibt aber auch viele professionelle Blogger unter ihnen. Wieder andere haben erfolgreiche E-Commerce Seiten aufgebaut und betreiben ihren eigenen kleinen Online Store oder lassen sogar eigene Güter produzieren. Die Geschäftsmodelle sind hier recht vielseitig.
REISEN IST KEIN MUSS

Auch jemand, der jeden Tag von zuhause arbeitet, kann ein digitaler Nomade sein. Wichtig ist nur, dass er ortsunabhängig ist. Was er daraus macht, bleibt jedem selbst überlassen.

Wir haben seit der Erfindung und dem beeindruckenden Wachstum des Internets mittlerweile Chancen unsere Träume zu verwirklichen oder Wohlstand zu erlangen ohne jahrelang hart zu arbeiten, ohne Kredite aufzunehmen, ohne auf die Auszahlung der Lebensversicherung oder die Pension zu warten, die es in den Generationen zuvor nicht gab. Alles was es benötigt ist ein Laptop, ein Internetzugang und Wissen.

Wissen über interessante Themen, Wissen, das für andere hilfreich ist, Wissen über alles Mögliche. Wissen, dass anderen etwas Geld wert ist. Es sind keine Grenzen gesetzt. Dieses Wissen haben wir uns schon früher angeeignet. In der Freizeit, im Studium oder im Job. Aber sich darauf zu beschränken, wäre genauso verkehrt, wie ewig einen Job auszuüben, der keinen Spaß macht und einen im besten Fall über Wasser hält.

JOB ist ein Akronym für Just Over Broke

Digitale Nomaden sind wissbegierig. Sie sind meist Personen, die stets neue Herausforderungen brauchen und sich schnell in Jobs mit begrenzten Entwicklungsmöglichkeiten langweilen. Sie lieben es zu lernen und sie lieben es zu lesen. Ich bin sicher jeder Digitale Nomade hat seine Top 10 Bücherliste.
WARUM DU NICHT WARTEN SOLLTEST

Im Vergleich zu vor 20 Jahren, hat sich die heutige Arbeitswelt nicht nennenswert verändert. Jedenfalls nicht für die Mitarbeiter. Technologie hat zwar unser aller Leben nachhaltig verändert. Sowohl privat als auch am Arbeitsplatz, aber nur ein Bruchteil der Unternehmen nutzt bisher diese Veränderung zugunsten ihrer Mitarbeiter.

Orts Unabhängigkeit ist auch bei Angestellten ein wichtiger werdendes Thema. Die Gestaltung einer überdurchschnittlichen und positiven Arbeitskultur ist für ein Unternehmen ein nicht zu unterschätzendes Marketinginstrument. Davon abgesehen ist es offensichtlich, dass glückliche Mitarbeiter in der Regel auch bessere Arbeit erbringen.

Fakt ist, dass „alte" Modell ist auf Dauer nicht mehr tragfähig. Digitale Nomaden sind ein wichtiger Teil der Arbeitswelt der Zukunft. Natürlich kann und möchte nicht jeder Mensch der Erde Digitaler Nomade werden. Das würde unsere Wirtschaft auch nicht verkraften. Ich stehe auch nicht für eine grundsätzliche Verteufelung der Festanstellung. Das Argument gegen die Festanstellung ist hierbei meist, dass man seine Energie für den Traum eines anderen Menschen aufbringt. Das mag oft der Fall sein. Aber auch die Festanstellung kann für manche ein Job mit Erfüllung sein, aber jene werden dann sicher grade nicht diesen Blog lesen.

Was mich persönlich davon abhält je wieder eine ortsgebundene Festanstellung anzunehmen, ist dass man für einen Großteil seines Lebens die eigene Autonomie opfert. Kein Arztbesuch, kein wichtiger Termin beim Einwohnermeldeamt oder was auch immer, kann ohne die Erlaubnis des Arbeitgebers wahrgenommen werden. Während der Arbeitszeit ist es so als wäre man wirklich im Besitz des Chefs. Moderne Sklaverei. Wie kann man da noch denken frei zu sein?

Der Tausch Zeit gegen Geld ist niemals gut. Denn das einzige im Leben was wir nie wieder bekommen ist eben diese Zeit. Und deinem Chef ist es grundsätzlich auch egal, ob du deine Arbeit statt in 8, in nur 4 Stunden schaffst. Du gehörst ihm trotzdem die vollen 8 Stunden. Insofern wird man noch dafür bestraft wenn man als Angestellter effizient arbeitet.
JOBSICHERHEIT – DIE Größte LÜGE DER ARBEITSWELT

Ich verstehe vollkommen, dass man Angst davor hat, seine eigenen Brötchen zu backen. Es fühlt sich immer komisch an plötzlich gegen den Strom zu schwimmen. Es ist ja auch irgendwie gemütlich im Hamsterrad. Es gibt selten negative Überraschungen, das Unternehmen denkt für dich, sagt dir was du tun sollst, wie du dich anziehen sollst und wie du ans Telefon gehst. Komm einfach 5 Tage die Woche, und du musst deine Komfortzone nicht verlassen. Jeden Monat kommt das Geld aufs Konto, selbst wenn du krank bist und dein Job ist sicher.

Macht euch nichts vor! Das letzte Jahrzehnt war vor allem durch Umbruch, Unsicherheit und Krisen geprägt. Insbesondere seit der Banken-, und Eurokrise 2008 haben wir alle miterlebt, dass Jobsicherheit eine Illusion ist, dass es Einstellungsstopps und Entlassungen in vielen globalen Firmen gibt und sich die Suche nach einem Job mehrere Monate oder gar länger hinziehen kann.

Die Sicherheit die die Generation zuvor kennengelernt hat, gibt es nicht mehr. Im Gegensatz zu unseren Vätern und Müttern, ist die Wahrscheinlichkeit nicht mehr sehr hoch, dass wir ein Arbeitsleben lang im selben Unternehmen arbeiten. Warum also das Leben einem Unternehmen opfern, wenn man am Ende doch nur eine Nummer ist und von heute auf morgen aus betrieblichen Gründen gekündigt werden kann? Mit den zwei Monatsgehältern Abfindung kommt man dann auch nicht so weit...
CARPE DIEM UND SO...

Wie oft wir diesen Spruch hören. Aber wir kapieren es einfach nicht. Unser Leben ist tatsächlich verdammt kurz. Ich will niemanden „bekehren", aber gebt euch bitte nicht wehrlos dem Lebensweg hin, der immer als der "richtige" angepriesen wird. Abi, Studium, Festanstellung, Bausparvertrag, Partnerschaft, Cabrio, Strandurlaub, Seelenfrieden. Haltet euch daran und der letzte Punkt bleibt oft aus.

Zufriedenheit ist eine höchst individuelle Angelegenheit. Dafür gibt es kein Allgemeinrezept.
Wer glücklich sein will, sollte daher vor allem nicht allzu sehr über die vorgeschobenen Dinge nachdenken, die einen davon abhalten, das Leben zu leben das man möchte, sondern darüber, wie man erste Schritte geht um sich selbst zu verwirklichen.

Die Uhr tickt erbarmungslos. officeflucht.de

## Womit digitale Nomaden ihr Geld verdienen

Eigentlich mit so ziemlich allem, das digital erbracht werden können. Die Palette reicht von klassischen Freiberuflern (Übersetzer, Programmierer, Coaches, …) bis hin zu Unternehmern, die elektronische Produkte verkaufen. Viele von uns nutzen einen Blog als Plattform, den sie monetisieren und darüber verschiedene Informationsprodukte (E-Books, Videokurse, Software) verkaufen.

Um möglichst unabhängig vom Zeitaufwand zu sein, versuchen wir uns möglichst passive Einkommensströme aufzubauen. Das bedeutet, raus aus der Zeit-gegen-Geld-Falle und hin zu Produkten, die durch automatisierte Prozesse keine direkte Anwesenheit erfordern.

## Warum das digitale Nomadentum rockt

Mal abgesehen davon, dass die Bilder vom Webworker am Strand recht plakativ sind, ist es schon ziemlich cool, dass man von den schönsten Plätzen der Welt aus arbeiten kann. Alles was es braucht, ist ein bisschen Hardware, die richtigen Tools und funktionierendes Internet.

Ein riesengroßer Vorteil des ortsunabhängigen Arbeitens wird als Geo Arbitrage bezeichnet. Dahinter verbirgt sich nichts anderes, als dass die Einkünfte (die unabhängig vom Aufenthaltsort sind) in Ländern mit niedrigen Lebenshaltungskosten deutlich mehr wert sind. Anstatt immer mehr Geld verdienen zu müssen, entfliehen viele digitale Nomaden dem kalten deutschen Winter und leben kostengünstig in Thailand, Indonesien oder Lateinamerika.

Aber nicht alle digitalen Nomaden zieht es ständig in die Ferne. Viele bleiben daheim im Home-Office oder im Coworking Space um die Ecke. Dank der flexiblen Ausrichtung ihrer Tätigkeiten sind sie in der Lage, viel Zeit mit ihrer Familie zu verbringen und ihren Arbeitsplatz jederzeit wechseln zu können.

Mit dem nomadischen Leben kommt in der Regel auch ein minimalistischer Lifestyle. Viele von uns reisen ausschließlich mit Handgepäck, haben wenige Besitztümer und verzichten auf langfristige Verträge. Den meisten digitalen Nomaden geht es darum, Erfahrungen zu sammeln, anstatt Besitz, Geld und Verbindlichkeiten anzuhäufen.

## Womit digitale Nomaden täglich zu kämpfen haben

Über die Schattenseiten dieses Lifestyles wird selten gesprochen, aber natürlich gibt es sie. Das allergrößte Missverständnis ist wohl, dass Nomaden gleichzeitig reisen und arbeiten. Hast du schon mal probiert alle 3 Tage den Ort zu wechseln und nebenbei aktiv Projekte voranzubringen? Pustekuchen. Die meisten von uns suchen sich einen Ort an dem sie mehrere Monate bleiben. Echtes Reisen und Arbeiten, das Schaffen bzw. wollen nur die wenigsten.

Optimale Arbeitsbedingungen und -routinen sind bei regelmäßig wechselnden Orten einfach nicht möglich. Dazu kommen Zeitverschiebung, Eingewöhnung in Kultur und Sprache sowie das ständige Ein- und Auspacken. Produktives Arbeiten außerhalb des Wartungsmodus geht also nur, wenn es eine mehrwöchige Homebase gibt.

Essentiell ist natürlich das Internet, ohne das der digitale Nomade ganz schnell zum analogen Nomaden wird. Die unzuverlässigen und teilweise schlechten Verbindungen in Asien und Südamerika können schon ganz schön nerven. Etwas gegensteuern kann man hier über eine lokale SIM Karte mit Datenflat.

Dann gibt es die bürokratischen Hürden, denen man begegnet, sobald man länger im Ausland unterwegs ist. Das reicht von der Visumsbeantragung über die Krankenversicherung im Ausland bis hin zu Steuerfragen und der Abmeldung des Wohnsitzes aus Deutschland.

Also, alles andere als ein Kindergeburtstag. Aber wer die Freiheit liebt, der ist auch gewillt sich mit diesen nervigen Themen herumzuschlagen.
Das digitale Büro

Wer viel reist, der muss möglichst leicht unterwegs und weltweit erreichbar sein. Ein digitaler Nomade hat in der Regel kein physisches Büro (Ausnahme Home-Office), sondern mietet sich tage- oder wochenweise in einem Coworking Space ein oder arbeitet aus einem Café.

Herkömmliche Büroausstattung wie Telefon, Scanner und Aktenordner werden durch digitale Lösung ersetzt. Neben den Apps, die jeder nach seinem Bedarf und seinen Vorlieben benutzt, gehören zum digitalen Büro vor allem die folgenden Dinge:

Dokumente digitalisieren: selbst einscannen (DocScan, Scanbot) oder einscannen lassen und in der Cloud ablegen (Dropbox, Backblaze).

Buchhaltung digitalisieren: Cloud Accounting Tools wie Fastbill, Wave oder Freshbooks und Weiterleitung von Reports an deinen Buchhalter.

Briefpost digitalisieren: Nachsendeauftrag über Dropscan oder E-Postscan der Deutschen Post. Briefe verschicken über PixelLetter.

Telefonische Erreichbarkeit: kostenlose deutsche Festnetznummer über Sipgate (VoIP) oder eine Skype Nummer mit Weiterleitung auf das Handy. Im Ausland lokale SIM Karte oder globale SIM Karte (HolidayPhone, Go SIM, World Sim).

Internetverbindung: Co-Working Spaces (Sharedesk), Hotspots an öffentlichen Orten (Skype WiFi, WI-FI Finder), mobiles Internet mit günstigen Datenpaketen. VPN in öffentlichen WiFi-Netzwerken nutzen (Strong VPN, Private WiFi).

Wo du auf andere digitale Nomaden triffst

Die Spezies der digitalen Nomaden findest du vor allem in Coworking Spaces und Cafés, wo du sie meist an ihrem aufgeklappten Macbook erkennst. In Deutschland ist die Wahrscheinlichkeit, einen Nomaden in freier Wildbahn zu sehen, in Berlin mit Abstand am größten.

In Europa sind auch Südspanien und Portugal beliebt. Über die Wintermonate verschlägt es viele nach Chiang Mai und Bangkok in Thailand, Saigon in Vietnam, Bali auf Indonesien, Medellín in Kolumbien, La Paz in Bolivien und viele weiteren Orte in Ländern mit geringen Kosten und freundlichen Visabestimmungen.

Da digitale Nomaden weit in der Welt verstreut sind, entstehen immer mehr Plattformen, auf denen online ein reger Austausch stattfindet. Das beinhaltet Facebook Gruppen, Foren und nicht zuletzt die Community My Wireless Life.

Sebastian ist ein 32-jähriger Blogger und Online Unternehmer, der seine Homebase seit 2012 in Shanghai hat. Auf seinem Blog Wireless Life schreibt er über den Aufbau eines Online Business und das Leben als digitaler Nomade. Auf My Wireless Life bietet er (angehenden) Bloggern, Online Unternehmern und Freiheitsliebenden eine Plattform zum Austausch, Netzwerken und gemeinsamen Lernen. wirelesslife.de

Lebe mit mehr Selbstbestimmung. Arbeite, wann und wo du es willst.

Sehnst du dich nach Aufbruch und Veränderung? Ist dir dein Lifestyle wichtiger als dein Lebenslauf? Dann löse dich von alten Glaubenssätzen und starte dein ganz eigenes "Life".

Wo du auf andere digitale Nomaden triffst

Die Spezies der digitalen Nomaden findest du vor allem in Coworking Spaces und Cafés, wo du sie meist an ihrem aufgeklappten Macbook erkennst. In Deutschland ist die Wahrscheinlichkeit, einen Nomaden in freier Wildbahn zu sehen, in Berlin mit Abstand am größten.

In Europa sind auch Südspanien und Portugal beliebt. Über die Wintermonate verschlägt es viele nach Chiang Mai und Bangkok in Thailand, Saigon in Vietnam, Bali auf Indonesien, Medellín in Kolumbien, La Paz in Bolivien und viele weiteren Orte in Ländern mit geringen Kosten und freundlichen Visabestimmungen.

Da digitale Nomaden weit in der Welt verstreut sind, entstehen immer mehr Plattformen, auf denen online ein reger Austausch stattfindet.

Das Büro ist für die meisten Selbständigen im Netz in Deutschland noch der normale Arbeitsplatz.

Doch immer mehr entscheiden sich dafür zu reisen und von unterwegs zu arbeiten.

Das bringt viele Vorteil, aber auch eine ganze Menge Herausforderungen mit sich. Im Interview mit 2 Digitalen Nomaden gibt es viele Erfahrungen aus erster Hand und noch mehr praktische Tipps.

Da bekommt man gleich Lust die Koffer zu packen. Stellt Euch bitte meinen Lesern kurz vor.

Hi, ich bin Feli aus Berlin und meine größte Leidenschaft ist es als Backpacker durch die Welt zu reisen. Schon 2005 habe ich meinen allerersten Job gekündigt, um mit einem Around-the-World Ticket auf Weltreise zu gehen.

Das Studium, für das ich mich eingeschrieben hatte, hat mich aber davon abgehalten sofort wieder loszuziehen. Damals habe ich mir die ganze Zeit Frage gestellt wie man Reisen und Arbeiten verbinden kann.

Ich habe dann in verschiedenen Internet-Unternehmen gearbeitet, in denen ich auch beruflich viel rumgekommen bin. Ein oder sogar zweimal im Jahr ging es zusätzlich auf private Fernreisen.

Ende 2012 habe ich meinen Plan selbstständig und ortsunabhängig zu sein in die Tat umgesetzt. Das war die Lösung meinen Travel-Lifestyle und Arbeiten zu verbinden. Zusammen mit Marcus ging es Anfang 2013 für ein halbes Jahr nach Südostasien. Mehr Infos zu mir unter www.feliciahargarten.com.

Hi, Ich bin Marcus, gebürtig aus Düsseldorf und lebe aktuell mit Feli in unserer Homebase in Berlin. Ich bin ein Digital Native und seit den ersten Tagen des Internets dabei. Früh habe ich die ersten Webseiten mit FrontPage gebaut und mir das erste Knowhow im Online Marketing angeeignet.

Nach Stationen in großen deutschen Internet-Unternehmen in Düsseldorf und Berlin habe ich 2013, inspiriert von der Berliner Startup Szene, meine eigene Company gegründet. Seitdem sind wir als Digitale

Nomaden unterwegs. Neben dem Digitalen Unternehmertum faszinieren mich der Sport und das Reisen.
Werbung

Zurzeit arbeiten wir im Creative Loft in Berlin-Kreuzberg. Ende des Jahres dann von Mexiko aus. Mehr Infos zu mir unter www.marcusmeurer.com.
Ihr bezeichnet Euch selbst als Digitale Nomaden. Was versteht ihr darunter genau?

Der Begriff „Digitaler Nomade" kam über die Staaten zu uns nach Deutschland und bezeichnet einen Unternehmer, Selbstständigen oder auch Angestellten, der ortsunabhängig arbeitet und dafür das Internet in Verbindung mit digitalen Technologien nutzt.

Digitale Nomaden sind nicht zwingend ständig in den verschiedensten Teilen der Welt unterwegs, sondern haben in der Regel auch eine Homebase, in der sie sich immer wieder aufhalten. Dort ist in der Regel auch das Unternehmen gemeldet.

Digitale Nomaden arbeiten überall dort wo es stabiles Internet gibt. Das können Coworking Spaces, Cafés mit WIFI oder auch der Strand sein.

Wenn kein WIFI Access Point in der Nähe ist, geht man über sein iPhone, einer lokalen SIM Karte mit Internet Flat und persönlichem HotSpot ins Netz.

Digitale Nomaden sind auch oft Lifestyle Designer, die sich mit verschiedenen Projekten und mit dem was sie gerne tun ihren eigenen Lifestyle ermöglichen.

Viele Digitale Nomaden sind Minimalisten, die nur noch das Nötigste besitzen, um flexibel und unabhängig zu sein. So werden alle Verträge oder Anschaffungen runtergefahren. Einige Digitale Nomaden haben gar keine Wohnung mehr und ziehen von Ort zu Ort.

Wir sind gerne am Meer, in der Sonne und leidenschaftliche Taucher. Deshalb ist es für uns ideal den Sommer in Europa zu verbringen und im Winter an den schönsten Stränden der Welt.
Warum habt ihr angefangen zu reisen und was begeistert Euch daran?

Felicia: Das ist eine sehr gute Frage. Ich war schon als Kind sehr viel mit meinen Eltern unterwegs, die bis heute auch sehr reisebegeistert sind. Vielleicht habe ich ja daher meine Nomaden gene. Irgendwie habe ich mich immer glücklich gefühlt wenn ich unterwegs war. Wie man so schön sagt: Der Weg ist das Ziel und da ist was dran. Manchmal geht es tatsächlich nicht nur um den Ort an dem man ankommt, sondern eben auch um den Weg dorthin. Einfach in Bewegung sein.

Ich liebe es wenige Sachen bei mir zu haben und mag keine Routine. Am liebsten bleibe ich so lange an einem Ort wie es mir dort gefällt. Frei und unabhängig. Reisen ist auch immer wieder eine Herausforderung die ich mag. Seine eigene Komfortzone zu verlassen, Neues zu lernen, auf andere Kulturen und Menschen treffen und Schwierigkeiten zu überwinden. Die Welt hat so viel zu bieten. Es wäre zu schade nur an einem Ort zu bleiben.

Ich glaube, wenn man auswandert erfährt man früher oder später auch den Alltag wie man ihn zu Hause hat. Daher finde ich die Idee des Digitalen Nomaden noch viel genialer.

Marcus: Als kleiner Junge bin ich viel mit meiner Familie gereist. Danach waren es eher Kurztrips mit Freunden. Meine erste größere Reise ging nach Südafrika zur Fußball WM 2010 und 2 Jahre später nach Tansania zur Besteigung des Kilimandscharo. Anfang des Jahres sind wir ein knappes halbes Jahr durch Südostasien gereist.

Das Reisen gibt einem das Gefühl der Freiheit und Unabhängigkeit. Viele merken gar nicht wie klein der Mikrokosmos ist in dem sie leben. Geschaffen durch gesellschaftliche Normen, den Arbeitgeber oder das familiäre Umfeld.

Es gibt noch so viel mehr in der Welt zu sehen…

Arbeitet ihr auch unterwegs? Was sind die Unterschiede zur Arbeit in einem deutschen Büro?

Arbeit ist vielleicht der falsche Begriff, weil bei uns die Grenzen fließend sind. Seit der Selbstständigkeit fühlt es sich nicht mehr nach Arbeit an. Man kann sich selbst verwirklichen, eigene Ideen umsetzen und mit seinem privaten Lifestyle verbinden.

Wenn wir unterwegs sind, optimieren wir an unseren verschiedenen Online Projekten weiter und auch für unsere Kunden sind wir genau wie in Deutschland erreichbar.

Die Unterschiede ortsunabhängig zu arbeiten und nicht in einem deutschen Büro liegen auf der Hand: Als Digitaler Nomade kann man von überall auf der Welt arbeiten, trifft immer wieder neue interessante Leute und hat keinen vorbestimmten 9 to 5 Tagesablauf. Dafür hat man keine Kollegen, die man regelmäßig sieht und mit denen man sich austauschen kann. Von was lebt ihr bzw. finanziert ihr eure Reisen?

Früher haben wir es auf dem klassischen Weg gemacht: Erst Arbeiten und sparen, dann Reisen. Feli hat schon immer sehr minimalistisch gelebt und dem Reisen eine hohe Priorität eingeräumt.

Viele Leute haben sie gefragt: Wie kannst Du Dir so viele Reisen leisten? Felis Antwort lautete dann einfach immer: „Ich wohne in einer WG, habe kein Auto, keinen Fernseher und kaufe mir keine unnützen teuren Dinge. Außerdem war ich auch immer auf Reisen gut darin meine Kosten niedrig zu halten. Die Wohnung untervermieten, günstige Flüge, einfache Hostels und local Food. Ich habe auch nie teure Touren gebucht sondern immer alles auf eigene Faust gemacht."

Reisen muss nicht immer so teuer sein wie viele denken. Mit 1.000 Euro im Monat kommt man in einigen Ländern sehr gut hin.

Neben dem Minimalismus Lifestyle helfen uns unsere eigenen Projekte im Internet. So bieten wir Online Marketing Beratung und Website Erstellung mit Webdesign an.

Unser neuestes Projekt ist die Wundersite, eine persönliche Website auf eigener Domain mit eigener E-Mail Adresse, Foto, CV, Portfolio, Skills und Kontakt.

Daneben betreiben wir Content Portale zu verschiedenen Themen.
Feli, auf Travelicia.de gibst du Tipps für Reisende. Warum hast du angefangen zu bloggen?

Das war eigentlich eher Zufall. Vor meiner Südostasien-Reise war ich auf einer Geburtstagsparty auf der mich ein paar Freunde überredet haben einen Blog zu starten. Ein paar Bierlängen später habe ich dann gesagt: Na, klar. Mach ich!

Einmal angefangen hatte ich das Gefühl, dass ich meine über 10 Jahre Backpacking Erfahrung endlich irgendwo unterbringen will. So kam es dass ich meinen ursprünglich privaten Blog für Freunde ziemlich schnell in einen allgemeinen Travelblog verwandelt habe.

Ich freue mich andere zu motivieren ihre Reiseträume zu verwirklichen. Live your travel dream! Man lebt nur einmal.

Marcus ist Co-Autor auf Travelicia und gibt Tipps zu technischem Equipment und Digitalem Nomadentum.


Was sind die größten Herausforderungen, wenn man von unterwegs bloggt/arbeitet?

Alles steht und fällt mit einer stabilen Internet Verbindung. WLAN ist zwar weltweit schon sehr verbreitet, aber noch lange nicht so wie es optimal wäre. Das heißt, man sollte sich im Vorfeld über die Infrastruktur, die für Digitale Nomaden notwendig ist, informieren.

Auch hat man ständig sein digitales Equipment dabei und sollte sich deshalb mit Themen wie Sicherung der Daten oder Diebstahlschutz auseinander setzen. Digitale Ersatzteile sind nicht überall erhältlich.

Des Weiteren sollte man eine gute Selbstdisziplin besitzen und gut organisiert sein. Schnell kann man an den schönsten Orten der Welt vergessen, dass man ja noch arbeiten muss. Darüber hinaus können Wetterbedingungen wie Hitze oder Schwüle die Arbeit erschweren. Auch sollte man auf die Zeitverschiebung achten, wenn man viel Kundenkontakt hat.

Wie organisiert man am besten Reisen & Arbeiten?

Wichtig ist, dass man sehr gut organisiert ist und den Überblick behält.

Das beginnt mit den fristgemäßen Kündigungen oder Stilllegen von Verträgen und endet mit der Organisation der Untervermietung seiner Wohnung. Man muss sich über Einreisebestimmungen informieren. Wenn man länger an einem Ort bleiben möchte gelten unter Umständen noch einmal gesonderte Visa-Regelungen.

Man sollte jederzeit Zugriff auf alle wichtigen Dokumente, Versicherungsdaten und Bankangelegenheiten haben.

Wenn man eine Company hat, muss man mit seinem Steuerberater\* ein eingespieltes Team sein, um von unterwegs agil zu bleiben und keine Fristen zu versäumen. Man muss sich um die optimale technische Ausstattung für die zu bereisenden Länder kümmern und einen Service zur Nachsendung der Post wie Dropscan einrichten.

Welche digitale Technik nutzt ihr unterwegs?

Feli hat nur ein 11" Mac Book Air dabei mit Neoprenhülle und Ladegerät sowie das iPhone 4s mit Ladegerät und Powertube. Damit nichts wegkommt verstauen wir das Ganze in einem mobilen Safe, Pacsafe genannt, mit dickem Zahlenschloss. Das funktioniert sehr gut. Mehr braucht man eigentlich nicht.

Ich überlege noch, ob ich mir eine neue Digicam für Fotos und Videos zulegen soll. Hat jemand gute Tipps? :)

Marcus hat ein MacBook Air 13" mit Plissee-Schutzhülle, ein iPhone 5 mit zusätzlichem externen Akku, dem Powertube. Zusätzlich 2 USB Sticks mit viel Speicher. Der Tolino Shine um gute eBooks zu lesen ist auch dabei.

Nützlich ist es, alle Daten immer verfügbar in der Cloud zu haben. Da helfen GMail, Google Drive, Wunderlist und Dropbox.

Es gibt immer mehr Blogger und auch andere, die von unterwegs arbeiten. Wie seht ihr die Zukunft dieser Digitalen Normaden?

Das „alte System" ist überholt. Das Internet Zeitalter macht es tatsächlich möglich wie ein Digitaler Nomade zu leben.

Es wird in Zukunft immer mehr Lifestyle Designer geben, die ihr Leben selbstbestimmt ohne gesellschaftliche Zwänge führen möchten. Unter den Lifestyle Designern wird es eine große Anzahl von Digitalen Nomaden geben, die es lieben neue Länder, Menschen und Sitten kennenzulernen.

Die Welt wird immer vernetzter, das Internet immer weiter ausgebaut und dadurch wird es immer einfacher sich für diesen Weg zu entscheiden. Dazu passt auch die neue Bewegung Dinge nicht mehr besitzen zu wollen, sondern zu teilen (Airbnb, Carsharing, WHY own it). Nie standen die Vorzeichen besser als heute!

Welche Länder könnt ihr für Einsteiger in das digitale Nomadentum empfehlen?

Es kommt natürlich ein bisschen auf persönlichen Interessen an. Möchte man Kultur & Menschen erleben? Städte oder Inseln mit Strand am Meer? Oder Sport und Adventures? Endlose Partys und Nightlife? Oder von allem etwas? Reist man alleine oder als Paar? Möchte man möglichst viel sehen auf dem Trip oder als Digitaler Nomade eine Base aufschlagen?

Wichtig ist, wie oben schon erwähnt, dass man eine schnelle und stabile Internetverbindung hat. Die hat man beispielsweise immer in Coworking Hotspots.

Dort trifft man immer auch Gleichgesinnte, falls man sich gerne austauschen möchte.

Zum Einstieg ist Südostasien ideal. In Thailand beispielsweise gibt es an vielen Orten super Internet Connections und günstige Apartments, in denen man für einige Wochen sein Lager aufschlagen kann. Durch die günstigen Lebenshaltungskosten braucht man weniger Geld um seinen Lifestyle designen zu können. Das ist das Prinzip des Geoarbitrage: starke Währung verdienen und schwache Währung ausgeben.

Auch die Internet Startup Szene in Südostasien ist im Kommen und mega spannend.

Nachdem wir Anfang des Jahres in Südostasien gewesen sind, fliegen wir beide Ende des Jahres mit Condor für einige Monate nach Mittelamerika, genauer Mexiko und testen dort die Infrastruktur für Digitale Nomaden. Es sieht so aus als ob Mexiko das Potenzial hat ein beliebter HotSpot für Digitale Nomaden zu werden.

Zum Schluss würde ich mich über eure wichtigsten Tipps für Digitale Normaden freuen.

Man sollte sich möglichst mit vielen anderen Leuten connecten, die genau so denken wie man selbst. Das nimmt Ängste und gibt Mut entgegen aller Vorbehalte zu Hause sein Ding durchzuziehen.

Im Internet gibt es geschlossene Foren für Digitale Nomaden, wie die internationale Community Dynamite Circle, und auch Facebook Gruppen um unter Gleichgesinnten zu sein. Man tauscht sich über die neusten Tipps zu Reiserouten, Internet Connections, Travel Material und Online Business aus.
Die Hausratversicherung deckt über die Außenversicherung auch Technik Diebstähle auf Reisen ab. Es gibt einige gute Auslandskrankenversicherungen für Langzeitreisende.

Simpel, aber sehr effektiv: Mehrfachstecker mit langem Kabel. Immer wenn man Strom hat alle Devices auf 100% bringen.

Wenn man gerade keinen WIFI Zugang hat, sollte man sich eine lokale SIM Karte fürs iPhone anschaffen mit Internet Tarif. Die Karte wird für das iPhone 5 vor Ort zu Recht geschnitten und die Tarife sind sehr günstig. So kann man über sein iPhone oder Android einen HotSpot aufbauen um mit dem Macbook ins Netz zu gehen.

So haben wir sogar einige Projekte von El Nido, Philippinen aus gelauncht. Erschwerend in El Nido kam noch hinzu, dass es von 5:00 bis 16:00 Uhr keinen Strom in dem Fischerdorf gibt.

Eine Sache, die ganz wichtig ist zum Schluss: Jeder sollte für sich selber checken, was der für ihn beste Lifestyle ist. Es gibt kein richtig oder falsch. Die Einen schätzen die Sicherheit in einem festangestellten Job oder haben schon eine Familie in Deutschland gegründet und die Anderen lieben das Abenteuer, die Unabhängigkeit und das Reisen. selbstaendig-im-netz.de

Digitale Nomaden

Im Camper wohnen, ortsunabhängig arbeiten und durch Europa reisen. Oder in anderen Worten: Dort arbeiten, wo andere Urlaub machen. So stellen sich die meisten das aufregende Dasein als digitale Nomaden vor. Dieser romantisierte Lebensstil verlangt allerdings einiges an Disziplin sowie einen gewissen Minimalismus. Auch eine ausgereifte Planung ist mitunter nötig. Der größte Faktor ist, wie so oft, die Einkommensfrage – doch denjenigen, die flexibel sind und zu kreativen Herangehensweisen neigen, stehen viele, teilweise etwas unkonventionelle Möglichkeiten offen, um als digitale Nomaden Geld zu verdienen. Wer also nicht viel zum Wohnen und Reisen braucht und offen dafür ist, sich neu zu erfinden, für den ist das Leben als Weltwanderer womöglich genau das richtige. Digitale Nomaden entdecken immer neue Orte, ohne auf ihr Zuhause verzichten zu müssen, lernen neue Sprachen, machen spannende Erfahrungen und folgen ihrer Laune. Ein Leben zum Lieben.

Wer überlegt, dieser Gruppe digitaler Nomaden beizutreten und von seinem Camper aus zu arbeiten, sollte sich zuvor über ihren Alltag informieren – oder zumindest mal mit einem Camper gereist sein. Mieten kannst du dir deinen Camper hier.

Egal, ob auf begrenzte Zeit oder dauerhaft, unser Artikel zeigt, wie digitale Nomaden ihr tägliches Leben unterwegs führen und was sie dafür benötigen.
Grundlegendes zu einem Leben als digitale Nomaden

Damit der Alltag und das Arbeiten im Camper möglichst gut vorbereitet werden kann, sollte man die Vor- und Nachteile vorab gut abwägen. Viele digitale Nomaden gestalten ihr unternehmerisches Leben zwar individuell, teilen aber einen Großteil der folgenden Aspekte miteinander:
Vorteile für digitale Nomaden

Leben und arbeiten wo immer und manchmal sogar wann immer man möchte
Digitale Nomaden entdecken zahlreiche Länder und Kulturen
Geringere Lebensunterhaltskosten (je nach Lebensstil)
Urlaube zwischen den Arbeitsphasen zu geringeren Kosten
Teilweise verkürzte Arbeitswoche oder weniger Wochenstunden
Erlernen neuer Sprachen

Engere Naturverbundenheit, vieles findet außerhalb des Wohnbereichs statt

Erfülltes Leben mit vielen Freiheiten abseits der Konsumgesellschaft

## Hindernisse für digitale Nomaden

Allein oder gemeinsames Leben und Arbeiten auf engem Raum

Kaum Privatsphäre

Teilweise langwierige Suche nach ruhigen Arbeitsplätzen oder guten Stellplätzen

Heimatlosigkeit: Digitale Nomaden sind zum Teil pausenlos unterwegs

Negative Seiten der Natur bekommen digitale Nomaden stärker zu spüren, z.B. Stürme, Regen, Kälte

Abhängigkeit von Wasser-, Strom- Gas-, Treibstoff- und Internetverfügbarkeit

Gleiches gilt für Entsorgung von Schmutz- und Abwasser sowie ggf. Reparaturen am Camper

Teilweise schwankendes Einkommen oder Jobunsicherheit

Verzicht auf einen gewissen Komfort, wie z.B. tägliches Duschen

## Planung und Bürokratie

Aber keine Angst, die meisten dieser Hindernisse lassen sich mit guter Vorbereitung und etwas Recherche überwinden. Möglicherweise fühlen sich die Abstriche des minimalistischen Lebens als digitale Nomaden für einige gar nicht wie Nachteile an. In jedem Fall sollte man über folgende Punkte nachdenken, bevor man sowohl sein Zuhause als auch sein Büro in den Camper verlagert und sich in einen digitalen Nomaden verwandelt:

Welche Fixkosten kommen auf digitale Nomaden zu?

Krankenversicherung (Hinweise zur Krankenversicherung innerhalb der EU)

Sozialversicherung (Sozialversicherungssysteme in der EU)

Gesetzliche oder private Rentenversicherung

Versicherungen für den Camper sowie freiwillige private und berufliche Versicherungen

Steuern für den Camper

Mitgliedschaftsbeiträge, z.B. im ADAC oder beruflichen Vereinigungen und privaten Vereinen

Mobilfunkrechnungen

Andere Kosten, die auf digitale Nomaden zukommen

Lebensunterhaltskosten: Verpflegung, Strom, Wasser, -entsorgung, Treibstoff, Gas, ggf. Stellplatzkosten

Landesspezifische Einkommensteuer/ Lohnsteuer

Neuanschaffungskosten für den Camper, Einrichtung und Arbeitsmittel (z.B. Computer, Handy, Spezialkleidung etc.)

Reparaturkosten für Camper und Arbeitsmittel

Arbeitsgrundlage digitaler Nomaden: Mobilität und Erreichbarkeit

Damit sie unterwegs auch wirklich in Ruhe arbeiten oder nach Jobs suchen können, ist es für viele digitale Nomaden unabdingbar, dass sie mit ihren Arbeitgebern und Kunden kommunizieren sowie Informationen recherchieren können. Die Übertragung wichtiger Daten ist dabei meist unverzichtbar für digitale Nomaden. Außerdem müssen einige bürokratische Fragen im Vorfeld geklärt werden, da die Reise für digitale Nomaden sonst sehr kurz werden könnte:

Einreisebestimmungen, Aufenthaltsgenehmigungen und Arbeitsbedingungen (in der EU fast problemlos)

Zahlungsverkehr regeln: einige Banken bieten Giro- oder VISA-Karten an, mit denen Geld abheben und bezahlen im Ausland kostenlos ist

Mobilfunk:

Digitale Nomaden gelangen meist per Smartphone-Tethering, separatem Stick, MIFI oder einer Zweitkarte für das Tablet ins Internet

Viele Vertrags- und Prepaid-Angebote beinhalten mobiles Internet, Telefonieren und SMS-Senden innerhalb der EU ohne Aufpreis

Optional kann man SIM-Karten im Ausland kaufen

Satteliteninternet als Alternative zu Internet per Mobilfunk, ist jedoch oft teurer

Cafés oder Bibliotheken bieten häufig kostenloses WLAN an, ideal für digitale Nomaden

Wie arbeiten digitale Nomaden?

Je nach ausgeübtem Beruf und Arbeitsphasen, dient der Camper als Büro, Transportmittel oder Rückzugsort für digitale Nomaden. Besonders für diejenigen, die ihre Arbeit größtenteils am Computer erledigen, ist der Esstisch im Wohnmobil gleichzeitig auch Schreibtisch, Ablagetisch und was eben sonst gerade

gebraucht wird. Auch wenn der Begriff digitale Nomaden sich weitestgehend auf Menschen bezieht, die
überwiegend online bzw. computerbasiert arbeiten,
gibt es auch digitale Nomaden, deren Arbeit außerhalb
der digitalen Welt stattfindet. Auch sie nutzen oft das
Internet, allerdings hauptsächlich um ihren nächsten
Job zu finden oder ihre online Auftritte in den sozialen Netzwerken und auf Blogs zu pflegen. Neben der
vielseitigen Nutzung des Campers haben digitale Nomaden also auch noch andere Möglichkeiten, Geld zu
verdienen.


Jobs für digitale Nomaden

Telearbeit, Home-Office und sogenannte Remote-
Jobs
Angestellte und Selbstständige, die im Home-
Office o.ä. arbeiten und dafür vorwiegend Internet
und Telefon benötigen, können diese Arbeit auch im
Camper ausführen, z.B.
Disponenten
Kundenservices per Telefon
Verkaufsmarketing per Telefon
Texter, Übersetzer, Webdesigner
Programmierer
Buchhalter
Onlinetutoren und viele mehr
Selbstständige oder Unternehmer aus der Krea-
tiv-, Beratungs- oder anderen Dienstleistungsbran-
chen, die vielerorts arbeiten können sind ebenfalls
unter den digitalen Nomaden zu finden:

Fotografen

PR-Berater

Social Media Spezialisten

Journalisten

(Online-)Händler und weitere

Berufsgruppen aus bestimmten Fachrichtungen haben gute Chancen, andernorts projektgebundene Arbeit oder Zeitarbeit zu verrichten, beispielsweise aus den Bereichen

IT

Veranstaltungstechnik oder -management

Bürofachkräfte

Köche usw.

Aushilfsjobs und Saisonjobs für digitale Nomaden gibt es ebenfalls vielerorts, häufig in der Gastronomie- und Tourismusbranche, wie

Bartender

Servicekräfte auf Messen, Golfplätzen, in Resorts und Hotels

Hilfskräfte auf Bauernhöfen o.ä.


Weitere Tipps für das Arbeiten vom Camper aus

Oft parken digitale Nomaden ihren Camper in der Nähe ihres Arbeitsortes oder sogar auf dem Gelände des jeweiligen Hotels und ähnlicher Orte für die Zeit ihrer Tätigkeit dort. Mit etwas Glück sind Umgebung und Ausblick schöner als auf so manchem überlaufenen Campingplatz. Weitere Tipps für das Leben als digitaler Nomade sind:

Trennen von Fahr- und Arbeitstagen, da man beim Fahren meist nicht arbeiten kann

Laptop oder Tablet mit geringem Stromverbrauch

Akku-Packs: Aufladen, wenn externen Strom verfügbar ist und nutzen, wenn mal keiner da ist

Photovoltaik-/Solarpanel, ein Generator und ein Wechselrichter für die Campingbatterie schaffen zusätzliche Stromquellen

Thermoskannen sparen Ressourcen beim Kochen von Tee oder Kaffee und halten Getränke länger warm bzw. kalt

Unterschiedliche Zeitzonen und gängige Bürozeiten der einzelnen Länder beachten, um keinen Abgabetermin oder dergleichen zu verpassen

Viele digitale Nomaden führen ein „papierloses Büro"

Impfungen rechtzeitig auffrischen und ggf. notwendige Sonderimpfungen prüfen


Minimalismus: Digitale Minimalisten und Tech-Nomaden

Weniger ist mehr: Als «Minimalism» erfährt dieses alte Sprichwort eine Renaissance. Die Protagonisten wollen ihren Lebensstil weniger als Konsumkritik verstanden haben, sondern vielmehr als Weg zu mehr Fokus und weniger Stress.

Für die einen ist es bittere Realität, für andere eine Selbstverständlichkeit und für manche ein bewusster Lebensstil: ausschließlich das Nötigste zu besitzen. In ihren Weblogs präsentieren Minimalisten ihren wenigen Besitz und schreiben über die Vorteile und Annehmlichkeiten ihrer Lebensart.

Während ein Großteil der arbeitenden Bevölkerung noch vom Arbeiten zu Hause träumt, ist die digitale Elite schon zwei Schritte weiter: Sie arbeitet nicht mehr nur zu Hause, im Café oder im Coworking Space ihrer Heimatstadt, sondern ist beständig unterwegs, bereist die Welt, lebt an unterschiedlichsten Orten – nicht als Urlaub, sondern als Existenzform.

Reisend bzw. ortsunabhängig arbeiten und leben, das ist das Credo der digitalen Nomaden. Zum Beispiel einen Monat am Strand auf einer philippinischen Insel, dann mehrere Monate in Bangkok, gefolgt von Aufenthalten in Riga und Berlin.

Lange Zeit existierte der aus dem Koffer lebende und mit nomadischen Gadgets ausgestattete Nicht-Sesshafte vorwiegend in der Phantasie von Trendforschern. Geprägt wurde der Begriff Digital Nomade bereits 1997 durch ein Buch gleichen Titels von Tsugio Makimoto und David Manners, das sich allerdings damals noch stark auf die Schicht jetsettender Manager von vorwiegend global agierenden Technologieunternehmen konzentrierte.

Jetzt sind die digitalen Nomaden tatsächlich in der Realität angekommen und formieren sich unter dem Label als veritable Bewegung. In Berlin hat Anfang Oktober bereits zum zweiten Mal die DNX stattgefunden, eine Konferenz, die sich ganz dem digitalnomadischen Lebensstil widmet. Guru war der Lifehacker Tim Ferriss. Seine 2007 erschienene Bibel The 4-Hour Workweek dient vielen als Inspiration, den Schritt zum ortsunabhängigen Leben zu wagen. Die Verheißung lautet: organisiere dich richtig, delegiere alles, und du kommst mit vier Stunden Arbeit pro Woche aus. Egal, wo Du dich gerade aufhältst.

Dass die Bewegung tatsächlich Fahrt aufnimmt, liegt auch daran, dass inzwischen die nötige Infrastruktur vorhanden ist, damit mehr und mehr Leute sich von einem fixen Standort freimachen können:

Zum ersten die Verkleinerung und Mobilisierung der digitalen Arbeitsgeräte. Mit einem Laptop oder Tablet lässt sich so gut wie alles erledigen, manche digitale Nomaden führen ihre Unternehmungen allein über das Smartphone. Zweitens das Vordringen von WLAN und Mobilfunk auch noch in die hintersten Winkel der Welt. Neben diesen Grundvoraussetzungen gibt es inzwischen eine ganze Reihe von Services und Apps, die das ortsunabhängige Arbeiten erleichtern. Um beispielsweise jederzeit und von überall Zugriff auf die immer noch nicht abgeschaffte Papierpost zu bekommen, bieten sich Dienste wie Dropscan an, um Briefe empfangen, sie scannen und als PDF zur Verfügung stellen zu können. Die Zusammenarbeit mit Kunden und Mitstreitern in Projektteams wird über Kollaborationswerkzeuge und Cloud-Dienste organisiert, Skype und Google Hangouts ersetzen Meetings.

Neben den technischen Entwicklungen spielt der Trend zu projektorientierter Arbeit und Selbständigkeit den digitalen Nomaden in die Hände. Wo traditionelle Angestelltenverhältnisse durch temporäre Jobs und freie Mitarbeit ersetzt werden, steigen die Möglichkeiten, das Leben unabhängig von einer festen physischen Arbeitsstelle zu organisieren. In den USA arbeiten einer aktuellen, von Elance-oDesk und der

Freelancers Union in Auftrag gegebenen Studie zufolge bereits 53 Millionen Menschen in irgendeiner Form selbständig, das ist ein Drittel der arbeitenden Bevölkerung.

Jobs finden digitale Nomaden auf oDesk und Elance, den beiden führenden Online-Arbeitsmarktplätzen, die Freelancer und Auftraggeber zusammenbringen und die Ende vergangenen Jahres fusionierten. Oder auf einer der zahlreichen spezialisierten Job-Plattformen ihrer jeweiligen Branche. Oder sie sind Reiseblogger oder Entrepreneure, die ihr eigenes Start-up managen.

In den letzten Jahren hat sich online eine Subkultur digitaler Nomaden entwickelt, mit eigenen sozialen Netzwerken, wie etwa den geschlossenen Communities Nomad Project, Dynamite Circle oder The Anywhereist Group. Dazu kommen Info-Ressourcen und zahlreiche Blogs wie Tropical MBA, wo die Macher in Blogbeiträgen und wöchentlichen Podcasts ihre Erfahrungen zum Besten geben, beispielsweise zum Aufbau des eigenen Online-Business, zum Networking oder zum Umgang mit Visaproblemen. Auf Travel-Hacking-Seiten wie The PointsGuy finden sich Tipps, wie man das meiste aus Bonusmeilen rausholt. oDesk hat im August sein Digital Nomad Playbook veröffentlicht, einen How-To-Guide, der die ersten Schritte auf dem Weg in die weite Welt der digitalen Nomaden erleichtern soll.

Auch offline hat sich eine touristische Infrastruktur auf den Typus des coworkenden Backpackers eingestellt. Das Highspeed-WLAN reicht inzwischen bis an die schönsten Strände der Welt. So entstehen zunehmend auch außerhalb der etablierten Kreativmetropolen Coworking Spaces, z.B. auf vormals vor allem von Touristen besuchten Inselparadiesen, wie deskmag berichtet. Zu den derzeitigen Lieblings-Hot-Spots der Diginos zählen wegen der günstigen Lebenskosten, dem warmen Klima und der guten Versorgung mit Breitband Orte in Südostasien wie das thailändische Chiang Mai, aber auch osteuropäische Metropolen sind beliebte Ziele. Auf NomadList lassen sich die Lebenshaltungskosten, die Qualität der Internetverbindung das Vorhandensein von Coworking Spaces und andere Faktoren an einer Vielzahl von Orten weltweit vergleichen. Ebenfalls sehr detaillierte, von Nutzern zusammengetragene Städte-Informationen finden sich auf Numbeo.

Oft ist das Dasein als digitaler Nomade verbunden mit einem minimalistischen Lebensstil, hier kreuzt sich der Trend zu permanenter Mobilität mit dem zu Simplicity und weniger Besitz. Digitale Nomaden wie Minimalisten werfen physischen Besitz als beschwerlichen Ballast ab. Status hängt nicht mehr am Besitz von exklusiven Gütern, auch nicht allein an symbolischem oder sozialem Kapital, sondern an den Erfahrungen, die man mit und für sich selbst macht. So bezeichnet sich das Paar Chris Dunphy und Cherie Ve Ard, die seit 2006 mit einem Wohnmobil durch die USA reisen und darüber unter Technomadia bloggen, in einem Post als "experience junkies". Zum sozialen Statusindikator der digitalen Nomaden werden Zahl und Art der Orte, an denen sie gelebt haben sowie die Zufriedenheit mit dem eigenen Lebensentwurf.

Viele Blogs und Webseiten, die das Leben als digitaler Nomade anpreisen, sind getränkt von einem Pathos des Versprechens von grenzenloser Freiheit, schnellem Reichtum und persönlichem Glück. Dieser Enthusiasmus ist häufig der Selbstvermarktung vom Bloggen lebender digitaler Nomaden geschuldet und die Realität sieht häufig anders aus. Dennoch kristallisiert sich die Figur des digitalen Nomaden als neues Sehnsuchtsbild des dem Alltagstrott entfliehenden permanent Reisenden heraus. Damit tritt der Digitalnomade als Sozialfigur in die Fußstapfen des Aussteigers auf dem Hippie-Trail, der die 1960er und 1970er prägte, sowie der in den 1980ern und 1990ern dominierende Kaste von um den Globus jetsettenden Finanzmanagern und Beratern. Heute muss man weder aus der Gesellschaft "aussteigen" noch reich sein, um sich auf den Weg in die weite Welt zu machen und nicht mehr (oder nur noch gelegentlich) zurückzukommen. Ein Laptop und Abenteuerlust genügen.

Fast jeder digitale Nomade lebt mit wenig materiellem Besitz. Unnötige Ballast ist der Feind des Minimalismus und eines flexiblen Lifestyles. Als ich entschieden habe ein digitaler Nomade zu werden, erkannte ich sofort, dass das mit all meinen angesammelten Dingen nicht funktionieren kann – Alles muss weg!

Ich begann mir einen Überblick über meine Sachen zu verschaffen
und begann voller Enthusiasmus auszusortieren. Oft fällt es einem schwer sich von Dingen zu verabschieden, wenn man jedoch mal damit angefangen hat, geht es wie von selbst. In diesem Artikel schreibe ich über die Möglichkeiten mit weniger Besitz zu leben und

darüber, was du mit deinen ganzen Sachen noch so anstellen kannst.


## In der Fülle aller Dinge

Wenn du dich mal in deiner Wohnung oder in deinem Zimmer umschaust, wirst du schnell feststellen, dass du unglaublich viel angesammelt hast. Die meisten Sachen brauchst du gar nicht wirklich. Die Dinge fallen dir aber schon gar nicht mehr auf – sie sind einfach da.

Kleiderschränke quellen über mit Klamotten die du einmal anziehst oder mit Klamotten die du gar nicht anziehst. In deiner Schreibtischschublade lagern zig abgebrochener Bleistifte und nicht funktionierende Kugelschreiber.

Dass diese Fülle aller Dinge auch belastend sein kann, ist uns oft gar nicht bewusst.
Als ich angefangen hatte bei mir auszumisten und meinen Besitz zu verkleinern war das ganz schön anstrengend. Bei jedem Teil das ich in der Hand hielt, überlegte ich mir ob ich es nicht doch noch gebrauchen könnte. Ich zwang mich die Dinge einfach wegzuschmeißen bzw. wegzugeben … doch nach und nach ging es immer besser und ich wurde entspannter. Selbst das vernichten von Erinnerungsstücken fiel mir leichter. Ich wusste ja, dass die Erinnerungen in meinem Kopf einen viel höheren Wert haben, als irgend ein Andenken in den Händen.

Am Ziel angekommen fühlte ich mich dann unglaublich erleichtert, als wäre eine jahrelange Ballast von meinen Schultern genommen worden. Und dieses Gefühl hält weiter an. Ich möchte das Gefühl nicht mehr missen, zu wissen, dass ich jederzeit meinen Rucksack packen kann und um an einem anderen Ort mein „Zelt" aufzuschlagen.

Es fühlt sich verdammt gut an!
Fünf Schritte - minimalistischer leben

5 Schritte und du bist alles unnötige los

Mit diesen 5 Schritten kannst du selbst dein persönliches Downsizing angehen. Vielleicht lebst du bald auch nur noch aus einem Rucksack.
1. Überblick bekommen

Im ersten Schritt solltest du dir bewusst werden, was du überhaupt an Dingen angesammelt hast. Wenn du mit offenen Augen durch deine Wohnung gehst werden dir vielleicht auch Sachen auffallen die du gar nicht mehr bewusst wargenommen hast. Langsam erschließt sich dir das Ausmaß deiner kommenden Entrümpelungsaktion. Ich selbst war überrascht wie viel man doch über die Jahre hinweg so ansammelt.
2. Kategorisieren

Beim Kategorisieren geht es darum, deine Dinge einzuordnen: behalten, wegschmeißen, verkaufen, verschenken oder spenden. Hier ist die größte Gefahr versteckt. Wenn du entscheiden musst ob du etwas weggibst, wird die Tendenz zu Beginn eher auf „nicht weggeben" hinauslaufen. Du musst wahrscheinlich erst lernen die emotional behafteten Dinge weggeben zu können. Das ist schwer, aber machbar. ??

Solltest du dir bei manchen Sachen unsicher sein, leg sie in eine extra Ecke. Später, wenn du mitten in deiner Entrümpelung bist, wird es dir leichter fallen auch diese Dinge wegzugeben.
3. Verkaufen

Da du ja nicht nur Müll aus deinem Leben verbannen möchtest, sondern auch die guten Sachen, lohnt es sich diese zu verkaufen. In diesem Schritt wird alles, was noch irgendwie einen Wert besitzt gegen Bares eingetauscht. Es gibt viele Möglichkeiten die Sachen zu verkaufen. Wichtig ist hierbei den höchsten Preis zu erreichen.
4. Verschenken & Spenden

Bei all deinen Sachen die du weggeben möchtest, ist sicher auch das ein oder andere Teil dabei, welches gerne von Bedürftigen, Freunden oder Bekannten genommen wird. Gerade Klamotten eignen sich dazu super. Nur bei den Altkleider-Container sollte man etwas darauf achten, in welchen man die Klamotten wirft. Hinter manchen steckt leider der Wolf im Schafspelz. Informiere dich am besten bei dir vor Ort. Die Möglichkeiten variieren nämlich stark.

Hier aber mal ein paar Beispiele:

neutrale Läden ohne kirchliche Institution im Hintergrund
kirchliche Hilfsorganisationen & Läden

Givebox: eine öffentlich zugängliche „Kiste" bei der man Sachen reinlegen und rausnehmen kann

Facebook Gruppe: es gibt lokale Gruppen um Dinge zu verschenken. Einfach mal danach suchen.

Foodsharing: Webseite bei der du Lebensmittel, Gewürze usw. verschenken kannst: http://foodsharing.de

## 5. Alternativen

Das ist der 5 Schritt und du solltest langsam eine ziemlich leere Wohnung haben. ??
Jetzt stapeln sich hier und da vielleicht noch Dinge, die du so nicht weggeben möchtest oder auch nicht weggeben kannst.
Es ist also an der Zeit passende Alternativen für diese Dinge zu suchen, damit du auch das letzte los wirst.
Alternativen für digitale Nomaden

Platzsparende Alternativen für digitale Nomaden

Als digitaler Nomade bin ich natürlich ein großer Freund der digitalen Möglichkeiten. Diverse Cloud-Dienste und Co. machen es möglich, sehr komfortabel von überall auf Daten zuzugreifen. Du musst also anfangen digital zu denken. Sobald du dich daran gewöhnt hast, werden dir die digitalen Möglichkeiten viel Ballast abnehmen.

Hier sind einige Beispiele und wie ich sie in die digitale Welt bringe:
Bücher:

Ich habe kein einziges Buch mehr. Alle meine Bücher habe ich verkauft oder verschenkt und mein Bücherregal war zuvor doch relativ prall gefüllt. Die meisten meiner damaligen Bücher kann ich aber immer noch lesen. Ich habe viele Bücher in digitaler Form und ein Nexus 7 dient als eBook Reader. Um die Bücher lesen zu können, nutze ich die Kindle App und die App Moon+ Reader.

Filme und Musik:

Musik dürfte ja mittlerweile bei fast jedem digital sein. Dank iTunes, mp3 und Spotify gibt es auch zig Möglichkeiten Musik zu konsumieren. Egal ob on oder offline. Bei den Filmen tut sich was. Es gibt einige Anbieter die gegen einen Mitgliedsbeitrag eine Menge Filme zum streamen bereitstellen. Dazu in einer guten Qualität.Auch kostenlose online Angebote nehmen zu.

Schriftliches:

Ich lege so gut wie alle schriftlichen Papierstücke die ich erhalte digital ab. Meine Allround-Waffe ist dabei Evernote. Für mich das perfekte Programm um mein Leben unkompliziert zu organisieren. Es waren schon viele erstaunt darüber wie ich live innerhalb von Sekunden ein Dokument parat hatte. ?? I love it !

Notizen & Planung:

Auch kleinere Notizen und Gedanken lege ich in Schrift, Bild oder Audio in Evernote ab. Auch meine Reiseplanung mache ich komplett in Evernote.

ToDos:

Für die ToDo Liste kann man das kostenlose Tool Wunderlist nutzen. Eine einfache, cloud-basierte To-Do Listen App mit Erinnerungsfunktionen. Gibt es für Mac, PC, iPhone, Android etc. und synchronisiert sich automatisch.

So werden Sie digitaler Nomade und reduzieren Ihre Steuerbelastung legal um 80%
Sich rechtssicher und nachhaltig dem Zugriff der Steuerbehörden entziehen - so geht's

Diese Seite ist Teil unserer Serie zur internationalen Steuergestaltung

Hand aufs Herz: Es mag politisch nicht korrekt sein (und die politisch Korrekten mögen diese Seite nun verlassen), aber es gibt genug erfolgreiche Freiberufler und Unternehmer, die hochinteressiert daran sind, ihre Steuerbelastung radikal zu reduzieren.

Freilich hält uns die Politik Predigten zum Thema Solidarität und Verantwortungsbewusstsein und und und... Wir werden von Kindesbeinen darauf gedrillt zu glauben, dass in einer funktionierenden Gesellschaft jeder seinen Beitrag zu leisten zu hat. Und wer mehr verdient (wer „breite Schultern" hat), der soll einen größeren Solidarbeitrag leisten (= mehr Steuern zahlen).

Und wer könnte dem widersprechen? Ein hoher moralischer Anspruch an sich hat unseren Zynismus sicher nicht verdient. Was allerdings in den Augen vieler als Farce wahrgenommen wird, ist, wie bei der Anwen-

dung besagter moralischer Prinzipien ganz offensichtlich mit zweierlei Maß gemessen wird:

Große Konzerne (die „breitesten Schultern") tricksen
bei der steuerlichen Veranlagung und kommen so mit
einer steuerlichen Belastung im unteren einstelligen
Prozentbereich davon – ganz legal.

Wer bluten muss und einen überdurchschnittlichen
hohen Beitrag leisten „darf", sind Freiberufler und
Unternehmer, die sich dem Zugriff der Steuerbehörden nicht entziehen können.

Ganz abgesehen davon erscheint den Steuerzahlern
vieles, was mit ihren Steuergeldern passiert, proble-
matisch: Ist Solidarität mit der eigenen „Sippe" bzw.
der eigenen Gesellschaft noch für jeden Bürger bis zu
einem Grad nachvollziehbar, so macht so mancher
hinter das Bailout von ganzen Staaten und ausländi-
schen Banken doch ein großes Fragezeichen. Ähnli-
ches kann zu Teilnahme an Kriegen gesagt werden
oder der Kostenübernahme von direkten Kriegsfolgen
fremder Mächte (siehe mittlerer Osten und Flücht-
lingskrise).

Nicht, dass wir uns falsch verstehen: Die meisten
Menschen empfinden es als große Befriedigung, Gu-
tes zu tun und sich für eine gute Sache, die ihnen am
Herzen liegt, einzusetzen: Entwicklungsarbeit, Um-
weltschutz, Bildung, Obdachlose, Flüchtlinge, Kultur,
Mission, Gesundheit usw.

Aber wir wollen in Freiheit selbst entscheiden, wie
und in welchem Maß sich unsere eigene persönliche

Solidarität ausprägt und nicht unter Zwang und Androhung von Gefängnisstrafen fast 50% unseres Einkommens an die Staatsmacht überreichen.

Jeder stimmt einer gewissen steuerlichen Belastung zur Finanzierung der Aufgaben des Staates zu, aber spontan würde niemand behaupten, dass 50% des eigenen Einkommens dafür ein gerechtfertigter Beitrag sind.

Das alles führt dazu, dass bei nicht wenigen Bürgern ein Wunsch entsteht, sich aus dem System abzumelden und nicht mehr „mitzuspielen".

In den letzten Tagen, Wochen und Monaten stoße ich im Web immer mehr auf Artikel, Beiträge und Informationen zum Thema Minimalismus. Dies führte nun dazu, dass ich mich immer mehr mit diesem Thema und den Parallelen zu meiner Einstellung im Umgang mit den materiellen Dingen in meinem Leben auseinandersetze.

Seit den Tagen meiner frühen Teenagerzeit habe ich angefangen Gegenstände um mich herum zu horten. Musikkassetten, Schallplatten, CD's, Musikhefte waren neben allen möglichen Büchern die ersten Dinge. Ja selbst heute stehen in meinem Bücherregal "noch" Bücher aus dieser Zeit. Dazu kamen im Laufe der Jahre dann Videofilme und Videospiele. Die Zahl meiner Hobbys stieg in den letzten Jahren ebenso an, wie der Platzbedarf für die Sammlung an "unverzichtbaren" Gegenständen. Das ich gar nicht alle meine

Freizeitbeschäftigungen ausfüllen konnte, war lange Zeit eher zweitrangig. Auch die Erkenntnis, dass die Pflege und Instandhaltung der angeschafften Dinge meist mehr Zeit in Anspruch nahm als die Nutzungszeit lies mich lange Zeit nicht umdenken. Oft verbrachte ich die Zeit mit dem Reinigen von Gegenständen und ärgerte mich, dass ich meine wertvolle Zeit damit verbringe. Natürlich muss ich auch gestehen, für manche Anschaffung die mir meine Zeit raubt ist meine Neugierde und Begeisterung für die Technik schuld. Aber oft ist die Erkenntnis ja der erste Weg in die Besserung!


Diese Begeisterung für die Technik, hat in den letzten Jahren natürlich dazu geführt, dass ich mich zum Beispiel von meinen Videofilmen getrennt habe. Zuerst hatte ich angefangen und meine ganzen VHS-Bänder digitalisiert. So standen zwei Festplatten neben meinen gut 300 DVD's. Als ich den Überblick über die ganzen Filme verlor, habe ich das aus meiner heutigen Sicht einzig Richtige gemacht. Statt zu sortieren und organisieren habe ich die Festplatten gelöscht und diese mit den DVD's bei eBay verkauft! Wenn ich mir heute einen Film ansehen möchte, gehe ich in die Stadtbibliothek und leihe mir dort einen Film aus. Und wenn es ein ganz spezieller Wunschfilm sein soll, nutze ich das Internet und Leihe mir den Film und streame in. Die Musikkassetten habe ich ohne Digitalisierung entsorgt. Die Mengen an Schallplatten und CD's haben Ihren Platz bei anderen Sammlern gefunden. Die Menge der Musikstücke, welche ich wirklich nicht missen möchte, habe ich mir in digitaler Form gekauft. Das digitale Zeitalter macht es eben möglich, keine Gegenstände die Platz und die Zeit zum abstauben benötigen. Das mein Vermächtnis an die Nachwelt dadurch in materiellen Dingen geringer sein wird kann ich gut verkraften. Und die, welche nach meinem Ableben meine Habseligkeiten entsorgen müssen wahrscheinlich auch!

Aber nun zurück zum Thema Minimalismus. Aufmerksam auf das Thema minimalisieren wurde ich durch den Onlinebericht http://t3n.de/news/digitale-nomaden-ortsunabhaengig-500057/ des t3n-Magazins. Es ist nicht mein Ziel ein digitaler Nomade zu werden, aber etwas ortsunabhängiger wäre ich sehr gerne. Und als ich mich mit diesem Thema auseinander setzte, wurde und wird mir auch immer noch bewusst, dass ich vieles an meiner bisherigen Einstellungen zu materiellen Dingen ändern will und kann. Und die Möglichkeiten welche uns das digitale Zeitalter hierzu bieten sind riesig.

So habe ich angefangen mich von nicht beachteten Hobbys und vor allem von den dazu benötigten Gegenständen zu trennen. Die ersten Schritte in die Mobilität durch das papierlose Büro habe ich schon geschafft. Über diesen Schritt berichte ich in der ersten Folge meines Podcast.

Digitale Nomaden
Durch die Welt reisen und online arbeiten - Ein Traum?

Was genau sind digitale Nomaden?

Der Begriff treibt sich erst seit einigen Jahren herum, seitdem das digitale Nomadendasein als eine Art Berufsbezeichnung oder eher als Lebensform aufgeführt und immer mehr und stärker gelebt wird. Doch was genau sind digitale Nomaden? Aus wirtschaftlichen Gründen zogen früher die Menschen umher, die als Nomaden bezeichnet wurden. Heute entscheiden sie sich aus freien Stücken dazu – den wirtschaftlichen Zugang tragen sie im Handgepäck. Digitale Nomaden sind Menschen, die ortsunabhängig arbeiten. Ohne festen Wohnsitz reisen sie von Ort zu Ort, von Land zu Land und arbeiten von ihrem Laptop aus. Ihre Jobs können sie überall dort erledigen, wo es einen Internetzugriff gibt.

Die Tätigkeiten der digitalen Nomaden sind dabei recht vielfältig. Viele betreiben eigene Websites oder Blogs, arbeiten als freie Autoren oder Übersetzer, generieren Online-Marketing-Content, sind Fotografen oder werden für Projekte aus den Bereichen Grafik- und Webdesign oder der Softwareentwicklung bezahlt. Ihre Kunden bedienen sie ausschließlich online – digitale Technologie, Skype, Email, Facebook, Content Management Systeme. Wo auf der Welt sie sich gerade befinden, spielt keine Rolle.

Viele digitale Nomaden kommen nicht direkt aus der digitalen Welt. Viele haben klassische Jobbeschreibungen im Lebenslauf. Lehrer, Betriebswirt, Finanzexperte. Mit den Jahren, auf Workshops und von bekannten Vorbildern, haben sie sich viele Kenntnisse selbst angeeignet und ausprobiert.

Der Drang nach Freiheit, Selbstbestimmung und Ungebundenheit verbindet alle digitale Nomaden

In welcher Sparte sie im Endeffekt Geld und wie viel davon verdienen, ist unterschiedlich. Was sie jedoch alle verbindet, ist der Drang nach Freiheit, nach Selbstbestimmung und Ungebundenheit. In den letzten Jahren hat sich daraus eine richtige Lifestyle-Bewegung entwickelt. Es werden Konferenzen veranstaltet, E-Books zum Thema veröffentlicht, sogar Workshops werden gehalten. Und die Resonanz ist riesig.

Deutschlands bekannteste digitale Nomaden

Sie sind schon kleine Berühmtheiten in der digitalen Welt. Aber auch die deutschen Medien, Süddeutsche, Welt, FAZ berichten immer wieder gerne von Deutschlands bekanntesten digitalen Nomaden. Wie lebt man so einen Lifestyle, wie verdient man Geld, wie sorgt man vor? Seit Jahren reisen sie als digitale Nomaden durch die Welt. Führen erfolgreiche Blogs, haben ihre eigenen Unternehmen. In E-Books und Workshops geben sie ihr Wissen regelmäßig an ambitionierte Neulinge weiter. Entweder ihr kennt sie schon, oder aber ihr solltet euch dringend mal ihre coolen Abenteuer anschauen – das hier sind Deutschlands bekannteste digitale Nomaden:
Conni Biesalski von www.planetbackpack.de

Planet Backpack ist mit über 100.000 monatlichen Lesern einer der größten Reiseblogs in Deutschland. Die 31-jährige Conni ist seit 2012 on the roads und arbeitet auf der ganzen Welt. Neben ihrem Blog bietet sie einen E-Book-Kurs an – „Digital, unabhängig & frei: Die Kunst überall zu leben und zu arbeiten" – und einen Blog Camp Onlinekurs.

Carina Herrmann von www.pinkcompass.de

Pink Compass ist ein Reiseblog für alleinreisende Frauen. Carina selbst reist seit Jahren alleine durch die Welt und will mit ihrem Blog andere Frauen ermutigen, alleine zu reisen. 2013 hat sie alles verkauft und ist seitdem unterwegs. In über 200 Artikeln schreibt sie über Vorurteile, Gefahren und großartige Erfahrungen. Bei Facebook hat sie schon über 11.000 Fans.

Felicia Hargarten von www.travelicia.de

Seit über zehn Jahren reist Felicia durch die Welt – hat mittlerweile mehr als 40 Länder erkundet. Sie mag es minimalistisch, geht es ihr hauptsächlich um Abenteuer und wie man sie am besten umsetzen kann. Mit Online Marketing verdient sie ihr Geld, veranstaltet zusätzlich die DNX – Die Konferenz für Digitale Nomaden. Ihren Blog lesen 45.000 Menschen im Monat.

Patrick Hundt von www.101places.de

Patrick ist absoluter Profi unter den Reisebloggern, auf Google decken seine Texte viele Fragen rund ums Reisen ab. Im Sommer 2012 startete er seinen Blog, um über seine Weltreise zu berichten. Klein angefangen, hat 101 Places mittlerweile über 55.000 Besucher im Monat. Auf seinem Blog gibt Patrick ausführliche Reisetipps, spricht Empfehlungen aus und erzählt aus seinem Leben als digitaler Nomade. 101 Places gehört

zu den erfolgreichsten und populärsten Reiseblogs Deutschlands.
Sebastian Canaves von www.off-the-path.com

Sein Reiseblog ist für Abenteurer und Flashpacker. Seit 2011 führt der 25-jährige Sebastian das Online-Tagebuch auf Deutsch und Englisch. Wenn er nicht durch die Welt reist, lebt er in Berlin und Schweden und berät verschiedene Unternehmen zum Thema Blogging Relations, Social Media und Branding. Off the Path hat monatlich 35.000 Besucher.

Leben als digitaler Nomade: So fängt's an…

Dass das Happy End immer gleich 6-stellige Dollar-noten trägt, ist ehrlicherweise nur sehr selten der Fall. Den Lebensunterhalt zu finanzieren, schaffen jedoch die meisten digitalen Nomaden. Doch wie funktioniert das? So unterschiedlich die Geschichten der digitalen Wanderarbeiter auch sind, alle fingen sie an mit einer initialen Feststellung: dem unaufhörlichen Drang nach Unabhängigkeit. Egal auf welchen Blogs digitaler Nomaden man herumsurft, die ersten Schritte sind überall gleich:

1. Sehnsucht nach Unabhängigkeit verspüren und realisieren.

2. Ängste überwinden vor dem Austritt aus dem gere-gelten Berufsalltag, vor finanzieller Unsicherheit, vor Veränderung.

3. Geld sparen, Workshops besuchen, Blogs lesen, Anleitungen recherchieren, von anderen digitalen Nomaden lernen.

4. Job kündigen, Besitz auf das Minimalste verkleinern.

5. Auf Reise gehen.

6. Geld von unterwegs verdienen.

Geld verdienen als digitaler Nomade

Viele digitale Nomaden haben sich selbst beigebracht, im digitalen Geschäft Geld zu verdienen. Von heute auf morgen ist da nichts passiert. Harte Arbeit und viele Stunden müssen in das Projekt hineingesteckt werden – ganz entgegen der weit verbreiteten Wunschvorstellung. Auf 101places.de haben zahlreiche deutsche digitale Nomaden erklärt, wie sie Geld verdienen. Hier zwei Beispiele.

Conni von Planetbackpack.de:

„Mein Einkommen ist in mehrere Quellen aufgeteilt:
1. Mein Reiseblog Planet Backpack: Vordergründig mit Affiliate Marketing und Werbung
2. Einen Social Media Kunden, für den ich die Facebook-Page betreue
3. Übersetzungen Deutsch – Englisch für eine große Firma in Österreich
4. Blog Camp Workshops und Consulting via Transit Media

Ich würde schätzen, dass Planet Backpack etwa 60-70% meiner Einnahmen ausmacht, wobei ich auch nur davon leben könnte." Conni verdient alleine mit ihrem Blog mittlerweile zwischen 4.000 und 6.000 Euro im Monat.

Sebastian von Off the Path:

„Mit meinem Abenteuer Reiseblog verdiene ich ca. 55 % meines Einkommens. Hier ist der Hauptteil der Einnahmen Affiliate Sales von Amazon, die ich in die verschiedenen Artikel eingebaut habe, als auch in meine gratis E-Books. Ein weiterer Teil meiner Einnahmen kommt vom Linkselling obwohl ich auf Off The Path selten Links verkaufe. Ich betreibe neben meinem Hauptblog noch 5 weitere Blogs. Unternehmen schreiben mich für Werbung auf Off The Path an und ich verkaufe denen dann Werbung auf meinen anderen Blogs. Hier macht es natürlich die Masse. Ich habe eine Liste mit über 300 Werbern in Deutschland und im Ausland. Einmal im Monat schicke ich ein Angebot für die verschiedenen Blogs, viele davon springen darauf an!
Durch Affiliate und Linkselling sprechen wir von 1.000 – 1.500 Euro im Monat (mein bester Monat waren 2.500 Euro)."

Digitale Nomaden Konferenz

„Die DNX verändert Leben und ist der Auslöser, dass Menschen beginnen, ortsunabhängig zu leben." Wie rasant und riesig das Interesse am Leben als digitaler Nomade ist, zeigt die alljährliche Digitale Nomaden Konferenz, kurz: DNX. Nachwuchsnomaden wird bei diesem Treffen in Berlin das Know-how beigebracht, für schlappe 297€. Nächster Termin ist der 26. und 27. Mai 2018.

„Unsere Vision ist, dass immer mehr Menschen ihr Leben frei und selbstbestimmt führen. Wir glauben daran, dass die Begegnung mit anderen Kulturen uns persönlich reicher macht und die Welt dadurch besser wird. Jeder kann seine Passion finden, seine Träume leben und selbstbestimmter arbeiten." Die beiden Gründer Marcus und Feli sind selbst Blogger, auch digitale Nomaden. Alles, was ein digitaler Nomade wissen sollte, was er für sich zu Nutzen machen kann, wird auf der Konferenz aufgezeigt. Workshops unter dem Titel „Ortsunabhängig mit Handel auf Amazon seinen Lebensunterhalt verdienen" oder „Gründe das geilste Business der Welt: Deines" werden von bekannten deutschen digitalen Nomaden gegeben. „Die DNX ist Teil der Freiheitsrevolution, in der die Menschen ihren Job, ihre Zeit und das Leben zurück erobern. Menschen kündigen ihre konventionellen Jobs, um die Freiheit zu haben, ihr eigenes Leben zu gestalten."

Besitz gibt dir keine Sicherheit und macht dich nicht glücklich.

Im Gegenteil:

Wenn du Loslassen in allen Bereichen deines Lebens übst und praktizierst ist das viel erfüllender als zu viele Besitztümer zu horten. Und es erleichtert dir ein positives Leben.

Glück und Erfüllung kann man nicht kaufen. Schöne Erlebnisse und Begegnungen sind für mich viel erfüllender als eine volle Wohnung oder ein fetter Kleider- und Bücherschrank.

Die Erkenntnis, dass ich nicht viel brauche um ein geiles, glückliches, erfülltes Leben zu haben ist unglaublich befreiend. Mir reicht mein Rucksack, meine Kamera und mein Laptop.

Du sparst jede Menge Geld

Als Minimalistin kann ich sehr viel günstiger leben. Ich mache keine großen Shopping-Touren oder kaufe Dinge für meine Wohnung.

Ich besitze nur eine sehr überschaubare Anzahl an Klamotten und frage mich vor jedem Kauf ob ich dieses Teil wirklich benötige.

Da ich viel unterwegs bin und keine fixe Adresse habe, kann ich auch nicht mal eben schnell was auf online bestellen und mir zuschicken lassen. In vielen Ländern ist es auch einfach nicht so easy (Bali!).

Viele gehen nahezu jeden Tag shoppen (online oder offline) um so ein vermeintliches Loch in ihrem Leben zu füllen und weil der kurze Kaufrausch sie glücklich macht. Aber eben nur kurz. Und dann muss das nächste Teil her. Die nächste Kamera, die nächste Jacke, der nächste Rucksack..

Ich verbringe meine Zeit statt in Kaufhäusern und auf Amazon lieber am Strand beim Surfen. Oder beim Yoga. Oder an meinem Laptop um ein Video aufzunehmen und an meinem Business zu arbeiten. Oder beim Meditieren. Oder Schreiben. Oder Fotografieren. Oder Menschen, die mir wichtig sind. Oder beim Wandern, beim neue Orte kennenlernen.

Du lernst dir selbst treu zu bleiben

Ich war schon immer minimalistisch eingestellt. Ich besitze kein Haus. Ich brauche nicht tausende Bücher.

Und obwohl ich schon immer so viel zufriedener war, habe ich ich mich selbst immer dafür verurteilt anders zu sein, dass ich nicht so wie die anderen war, die konsumieren um glücklich zu sein.

Seitdem ich immer mehr Menschen treffe, die minimalistisch leben und sich gegen den Konsum entscheiden, fühle ich mich mit meinem Lifestyle noch viel besser.

Ich weiß, dass ich meine eigenen Regeln machen kann und mich nicht der Allgemeinheit anpassen muss.

Minimalismus hat mir geholfen, mir zu erlauben, mein bestes Leben nach meinen eigenen Regeln leben in allen Bereichen.

Mir wenig zu leben war damals nur der Anfang.

Du hast weniger Sorgen und Stress

Ich bin sehr sensibel und neige dazu schnell überfordert zu sein.

Je weniger ich besitze, umso weniger Dinge habe ich um die ich mich sorgen und kümmern muss. Umso klarer ist mein Leben und mein Besitz und umso klarer ist auch mein Kopf – einfach weniger Gerümpel drin.

Allein der Gedanke, dass alles was ich besitze in einen Rucksack passt, dass ich mich um nichts kümmern muss, macht mein Leben einfacher. Ich fühle mich mehr bei mir selbst und kann mich auf die Dinge fokussieren die wirklich wichtig sind.
Minimalismus macht dich kreativer: CONNI BIE-SALSKI - www.planetbackpack.de

Um kreativ zu sein brauche ich Platz. In meinem Kopf. Und an meinem Arbeitsplatz.

Wieviel Zeit verbringst du damit deinen Schreibtisch und dein Arbeitszimmer aufzuräumen bevor du mit der Arbeit beginnst? Wieviele Dinge lenken dich von deinem Fokus ab?

Egal wo ich gerade bin – meine Umgebung ist immer ordentlich. Und nicht weil ich jeden Tag stundenlang aufräume und putze. Sie ist einfach so weil ich nicht viel besitze. Alles seinen Platz hat. So habe ich auch Platz im Kopf für Kreativität.

Morgens mache ich als erstes mein Bett. Weil ich es mag, nicht weil ich muss. Ich fühle mich in aufgeräumten, klaren Umgebungen am wohlsten. Und das funktioniert am besten in einer minimalistischen Umgebung.

Die minimalistische Denkweise lässt sich nicht nur auf den Besitz von Gegenständen anwenden. Auch dein Mindset und deine Arbeitsweise wird sich dadurch ändern.

Ich praktiziere kein Multitasking mehr sondern Monotasking. Und bin so viel produktiver.
Ich praktiziere Minimalismus in vielen Bereichen – meinem Business, meinem Essen, der Wahl der Orte an denen ich lebe.
Probiere es einfach aus. Mache den ersten Schritt und befreie dich von überflüssigen Dingen in deinem Leben.
Und du wirst sehen wie alles ins Rollen kommt und dein Leben sich verändert und leichter wird auf allen Ebenen.

Mein Ziel: Eines Tages komplett ortsunabhängig meinen Lebensunterhalt verdienen. Dabei möchte ich nicht nur im Alltag komfortabel leben sondern auch längerfristig Rücklagen anlegen. Da ich gerade daran arbeite, meine alltäglichen Ausgaben zu optimieren und mir Gedanken über Rücklagen zu machen, möchte ich dich an meinen Gedanken dazu teilhaben lassen. Was kostet der Einstieg ins Ortsunabhängige Leben?

Jetzt darfst du mal kurz in die Hände klatschen. Denn das Equipment, dass du für ein Ortsunabhängiges

Leben brauchst, ist nicht wirklich viel und deshalb auch recht erschwinglich. Eigentlich ja auch logisch, denn du willst mobil und flexibel sein. Und das wärst du nicht, wenn du deine ganze Wohnung mit dir herum schleppst. Leichtes Gepäck ist also die Devise. Wie minimalistisch du das dann gestaltest, ist dir überlassen. Das ist natürlich auch wieder eine Kostenfrage. Zum Punkt Minimalismus aber später mehr.

Gehen wir mal davon aus, dass du dein Business wie die meisten Digitalen Nomaden führen wirst: Mit einem Laptop, den du so gut wie überall aufschlagen kannst. Der mobiler Computer und eine Internetverbindung sind die Grundlage deines Business. Egal ob du als reisender Tätowierer oder als Grafikerin unterwegs bist. Zu jedem Business gehören Mails, Termine vereinbaren und Skype-Calls. Ohne Vernetzung läuft heute eigentlich wenig.

Schauen wir uns mal die durchschnittlichen Kosten für ein mobiles Büro inklusive einer Website für dein Business oder deinen Blog an.
Laptop (z.B. MacBook Air)      1.100€
Website Hosting (z.B. bei HostEurope) 7€/Monat
WordPress-Theme für deine Website      kostenlos oder bis ca. 50€
Gewerbeanmeldung      je nach Bundesland zwischen 15 und 60€
Notwendige Software   Gibt es immer als kostenlose Variante
Logo-Design     Bei 99Designs für 229€ für mehrere Vorschläge oder bei Fiverr schon ab 5€ pro Design.

Krankenkasse Abhängig von deinem Status und deinem Einkommen. Als Selbstständiger kannst du am Anfang von ca. 300€/Monat ausgehen.
Auslandskrankenkassen sind aber generell billiger.
Steuerabgaben Hier empfehle ich dir schon beim Einstieg in die Selbstständigkeit zumindest ein Beratungsgespräch bei einem Steuerberater. Die Sätze hängen auch hier von deinem Gewinn ab.

Bei der Wahl der Krankenkasse solltest du dich genauso beraten lassen wie bei deiner Steuererklärung. Arbeitest du in einem kreativen Job, etwa als Designer hast du auch die Möglichkeit das als Freiberufler zu tun und hast dadurch Anspruch auf die Künstlersozialkasse. Zu den ersten Schritten als Freelancer und Digitaler Nomade bin ich in meinen beiden Artikel Freelancer werden in 8 Schritten und 5 Grundlagen für den Digitalen Nomaden noch tiefer eingegangen.
Frei sein und das auch noch günstig

Weil du von nun an in der Lage bist ortsunabhängig zu arbeiten, wirst du das wahrscheinlich auch tun. Natürlich kannst du auch bequem von deiner Wohnung aus arbeiten oder in den Coworking Space deiner Stadt gehen. Doch viele Freelancer und Online-Unternehmer arbeiten von anderen Ländern aus. Auch für ihre Kunden zu Hause.

Beliebt sind dabei Länder wie Thailand, Indonesien oder Kolumbien. Warum? Weil in diesen Regionen die Infrastrukturen zum Leben und Arbeiten in den letzten Jahren stark verbessert wurden, die Lebensunterhaltskosten aber im Vergleich zu Deutschland oft noch relativ gering sind. Du verdienst also Euro oder

Dollar und bezahlst deinen Kaffee und deine Unterkunft in einer schwächeren Währung.

Lass uns also mal die laufenden Kosten (in Durschnittswerten) für einen Monat in Berlin und Chiang Mai in Thailand vergleichen.

Berlin   Chiang Mai
Unterkunft      WG-Zimmer: 300€
Wohnung: 550€            Eigenes Apartment ab ca. 280€
Coworking Space       90€ im Betahaus       90€ im Punspace
Verpflegung      300€      150€
Freizeitaktivitäten       150€      100€
Krankenkasse  ca. 350€            ca.  90€ (Auslandskrankenkasse)
Sonstiges (Handy, Busticket, etc.)       100€      50€
Summe ca. 1.380€      ca. 760€
Geo-Arbitrage bewusst nutzen

Generell ist dieser Weg, in einem günstigeren Land zu leben und zu arbeiten eine klasse Sache. Dabei erlebst du auch noch so einiges, kannst reisen und tauchst in andere Kulturen ein. Und genau diese andere Kulturen sind auch der springende Punkt. Wer einfach nur nach Koh Lanta fliegt um möglichst günstig im Paradies abzuhängen, mit jedem Händler um Kleinstbeträge feilscht und Aufträge an die billigsten Arbeitskräfte online outsourced, hat den Sinn dahinter wahrscheinlich nicht verstanden.

Versteh mich nicht falsch, ich freue mich für dich, wenn deine erste Reise als Digitaler Nomade ansteht. Aber ich wünsche mir auch, dass du dir dessen bewusst bist, dass dieses System auf Dauer auch nur funktioniert, wenn wir verantwortungsvoll und respektvoll mit anderen Menschen umgehen. Sei es der Straßenhändler oder der indische Grafiker, der dein Logo erstellen soll. Auch diese Menschen haben eine Familie zu ernähren und wollen ein vernünftiges Leben führen.

Was kommt danach?

Ich habe es zu Beginn schon angesprochen: Ich sehe es als sehr sinnvoll an, sich frühzeitig Gedanken über Geldrücklagen zu machen. Zum Beispiel für den eigenen Campervan oder irgendwann auch für ein kleines Haus an der felsigen Küste Portugals. Vorrangig spare ich aber für die Sicherheit, dass ich später auch mal von Erspartem nehmen kann. Denn von Arbeit leben, die mir Spaß macht, ist eine Sache. Aber woher weiß ich, dass ich mit 65 Jahren noch genauso dazu in der Lage sein werde? Oder was ist, wenn ich in 5 Jahren einen schweren Unfall habe, der mich massiv einschränken wird? Klar, jetzt sprühe ich vor Energie und hab noch so einiges vor. Aber was die Zukunft wirklich bringt, weiß ich eben nicht. Aber darauf ein wenig vorbereitet zu sein ist sicher nicht verkehrt.

Als Selbstständiger mein Einkommen für die nächsten Monate vorherzusagen ist schwierig. Dazu arbeite ich auch fünf Monate festangestellt in Teilzeit. Nach einer ersten Hochrechnung werde ich wohl so zwischen 1.400€ und 2.200€ pendeln. Das ist vor allem von den Kundenaufträgen abhängig. Trotz der Unstetigkeit habe ich mir vorgenommen, in den nächsten Monaten regelmässige Rücklagen anzulegen. Dazu habe ich noch eine kleine Tabelle für dich gemacht, die meine geplanten monatlichen Rücklagen als Beispiel aufzeigen sollen.

Abgaben (Steuern, Krankenkasse)        200€
 Altersvorsorge  150€
Rücklagen für ungeplante Ereignisse (Krankheit, Laptop kaputt, etc.) 100€
Ab nächsten Jahr Rücklagen für Campervan        120€
Summe 570€

Die Rücklagen solltest du auf deine Bedürfnisse und Pläne zuschneiden. So muss ich beispielsweise für die Krankenkasse durch meine Festanstellung im Sommer nicht ganz so viel zurück legen. Hier geht es mir vor allem darum ein gewisses Sicherheitspolster anzulegen. Die Beträge für Altervorsorge und Rücklagen werden in den nächsten Jahren je nach Verdienst steigen. Frei nach der Devise: Was am Ende übrig bleibt, lege ich zur Seite.

Ich hoffe, ich habe dir mit diesem Artikel ein bisschen Klarheit verschaffen und Mut machen können. Der Einstig in das ortsunabhängige Leben ist nur halb so schwer wie du ihn dir vielleicht ausmalst.

Interessante Links zum Thema Minimalismus und digitale Nomaden findet der interessierte Leser hier:
http://www.einfachbewusst.de/ – Blog über Minimalismus und Nachhaltigkeit
http://minimamuse.wordpress.com/ – Minima Muse ein noch junger Blog zum Thema Minimalismus
http://www.minimalismus-leben.de/ – ein Blog wie der Name schon sagt zum Thema Minimalismus

http://www.digitalenomaden.net/ – Forum der digitalen Nomaden

http://www.earthcity.de/ – Blog zum Thema ortsunabhängiges Arbeiten

http://www.dnx-berlin.de/ – Konferenz zum Thema Digitale Nomaden

FSC

www.fsc.org

**MIX**

Papier aus ver-
antwortungsvollen
Quellen
Paper from
responsible sources

**FSC® C105338**